TIA CORINA

MISSA COM CRIANÇAS
Evangelhos, Estórias, Dramatizações, Jograis e Orações

ANO A

EDITORA
SANTUÁRIO

Coordenação Editorial: Elizabeth dos Santos Reis
Copidesque: Ana Lúcia de Castro Leite
Revisão: Elizabeth dos Santos Reis
Projeto Gráfico: Marco Antônio Santos Reis
Ilustrações: Adilson B. Santos
Capa: Bruno Olivoto

Dados Internacionais de Catalogação na Publicação (CIP)
(Câmara Brasileira do Livro, SP, Brasil)

Corina, Tia
   Missa com crianças: evangelhos, estórias, dramatizações, jograis / Tia Corina. — Aparecida, SP: Editora Santuário, 2004.

   ISBN 85-7200-953-1

   1. Catequese – Igreja Católica 2. Missa com crianças I. Título

04-0683   CDD-264.02036083

Índices para catálogo sistemático:

1. Missa com crianças: Celebração eucarística:
Igreja Católica 264.02036083

7ª impressão

Todos os direitos reservados à **EDITORA SANTUÁRIO** – 2023

Rua Pe. Claro Monteiro, 342 – 12570-045 – Aparecida-SP
Tel.: 12 3104-2000 – Televendas: 0800 - 0 16 00 04
www.editorasantuario.com.br
vendas@editorasantuario.com.br

Dedicatória

Às queridas crianças da Diocese de Valença,
de Dom Elias Manning.

Paty do Alferes

Miguel Pereira (Barão de Javary)

Governador Portela

S. Sebastião de Monte Douro

Rio das Flores

Vassouras

Levi Gaspariam

Três Rios

Valença

A todos, muito obrigada! Tia Corina

Apresentação

Jesus foi um grande contador de estórias. Suas estórias, porém, não tinham como finalidade o divertimento ou o entretenimento dos ouvintes. Contando suas parábolas, Jesus queria comunicar ao povo a mensagem do Pai, os mistérios do Reino, numa linguagem fácil e ao alcance até dos mais simples. Por isso Ele falava das coisas que o povo da época e da região conhecia bem: os campos, o trigo, as ovelhas, o peixe, as redes... Escondido atrás da "cortina" de suas parábolas sempre existiu um sentido mais profundo do que o sentido aparente e simples das palavras. Por esse motivo temos de levantar a "cortina" e desvelar nas parábolas o que Jesus realmente quer dizer-nos: "O Reino dos céus é semelhante a ..."

Há muitos anos, nossa amiga, Tia Corina, seguindo o bom exemplo do Mestre e aproveitando o dom que Deus lhe deu, vem contando estórias para as crianças nas Missas dos domingos e dias santos. Felizmente, hoje, através da Editora Santuário, ela nos oferece em forma de livro essa sua riqueza: a mensagem de Jesus na linguagem das crianças. Neste volume atual ela apresenta o que Jesus quer transmitir por meio dos Evangelhos do Ano A do ciclo litúrgico.

A Comissão Episcopal Pastoral para a animação Bíblico-Catequética da CNBB, acolhendo o pedido da Sé Apostólica, desde o segundo semestre de 2002 está preparando o Diretório Nacional de Catequese, que será apresentado à Assembleia dos Bispos para a aprovação final em abril de 2005. Entre vários desafios da catequese identificados no esboço do Diretório encontramos:

• formar o catequista como comunicador de experiência de fé;
• fazer com que a Bíblia seja realmente o texto principal da catequese;
• encontrar uma linguagem da fé mais compreensível para as pessoas;
• suscitar nos catequistas e catequizandos o gosto pela celebração litúrgica.

Na área de catequese com crianças, Tia Corina através deste livro está nos oferecendo pistas bem concretas rumo à solução desses desafios apresentados pela CNBB.

Agradecidos pelo carinho com que a Tia Corina, atualmente diocesana nossa, dedica Missa com Crianças – Ano A às crianças da Diocese de Valença, pedimos a Jesus, centro da História e das Estórias, para abençoar a autora e fazer com que este livro seja fonte de bênçãos para as crianças e para os catequistas do Brasil.

† Elias Manning, OFM Conv.
Bispo de Valença e Membro da
Comissão Bíblico-Catequética da CNBB

A MISSÃO DO PINHEIRINHO

**1º DOMINGO DO ADVENTO
(Mt 24,37-44)**

Naquele tempo, Jesus disse a seus discípulos: [37]"A vinda do Filho do Homem será como no tempo de Noé. [38]Pois nos dias, antes do dilúvio, todos comiam e bebiam, casavam-se e davam-se em casamento, até o dia em que Noé entrou na arca. [39]E eles nada perceberam até que veio o dilúvio e arrastou a todos. Assim acontecerá também na vinda do Filho do Homem. [40]Dois homens estarão trabalhando no campo: um será levado e o outro será deixado. [41]Duas mulheres estarão moendo no moinho: uma será levada e a outra será deixada. [42]Portanto, ficai atentos, porque não sabeis em que dia virá o Senhor. [43]Compreendei bem isto: se o dono da casa soubesse a que horas viria o ladrão, certamente vigiaria e não deixaria que sua casa fosse arrombada. [44]Por isso, também vós ficai preparados! Porque, na hora em que menos pensais, o Filho do Homem virá.

Numa bela floresta de pinheiros havia um grande rebuliço e muita curiosidade:
— Está chegando o Natal! Dizia com uma voz grossa um pinheiro.
— Vovô que sabia das coisas.
— Natal? Natal? O que é Natal? — perguntou um alto pinheiro adolescente.
— O Natal é uma festa — respondeu logo o velho pinheiro, pai de inúmeros pinheiros jovens.
— Um passarinho contou-me que na cidade todas as pessoas enfeitam suas casas, fazem panetones gostosos, rabanadas com açúcar e canela e trocam presentes entre si, explicou um pinheirinho com "ares" de sabido.
— O papagaio arrepiado disse que o Natal é festa alegre. Todos cantam porque se sentem felizes...
Lá do alto do pinheiro mais alto cantou o papagaio:
"Da cepa brotou a rama,
da rama brotou a flor,
da flor nasceu Maria,
de Maria, o Salvador".

— Papagaio! Papagaio! Explique o que é isso? — perguntou curioso o pinheiro caçula.
— Papagaio repete currupaco! Papagaio não explica...
Mamãe pinheiro calmamente ensinou aos pinheiros curiosos:
— Natal é festa de Jesus! Ele nasceu há muitos anos em Belém, todos os anos festejamos seu aniversário. Um dia ele virá em pessoa.
— Em que dia?
— Nem Jesus sabe... Só Deus.
— Precisamos estar preparados, para essa vinda gloriosa, cuidado! Quem for bom, generoso e obediente, aquele que souber amar e perdoar, será escolhido por Jesus para ir com ele para um lugar lindo,

onde nenhum pinheiro morrerá, e terá vida eterna.
— Que maravilha! Com certeza ele, Jesus, deixará que eu seja um mastro de navio para conhecer muitos lugares, muitas pessoas, muitas festas, muitas músicas e danças... — disse com firmeza o pinheiro alegre.
— Já eu, que sou tão amigo de todos, vou pedir a Jesus que me deixe ser um mastro de bandeira, numa escola onde estarei rodeado de crianças...
Cada pinheiro, que tinha certeza que Jesus o escolheria em sua vinda, dizia o que desejaria ser...
Um pinheirinho de dois palmos de altura quis conversar com altos e magníficos pinheiros, mas eles não lhe deram atenção.
Era tão pequeno, tão fraquinho, que sua voz não chegava às alturas.

Nesse momento, alguns caminhões pararam junto à clareira, no meio da floresta. Desceram dos caminhões homens com serrotes, cordas e machados.

Escolheram os mais altos e belos, serraram os troncos, cortaram as folhas e puseram-nos nos caminhões.

O pinheirinho de dois palmos foi abandonado... e chorou!

— E eu! Eu sou bem pequeno, mas estava pronto. Queria ser levado para algum lugar perto de Jesus.

Nisso ouviu uma voz de criança:

— Pai, pare o caminhão! Está ali o que eu queria...

O garotinho alegre e feliz arrancou a arvorezinha do chão com suas raízes e colocou-a numa latinha com terra.

— Oba! Coube direitinho. É do tamanho que eu queria!

O menininho voltou ao caminhão do pai e logo disse com muito entusiasmo:

— Vamos, papai, o senhor sabe para onde.

Os dois cantarolando saíram da floresta, andaram muitas horas por uma estrada de barro, depois por uma de pedra, e após duas horas passaram pela estrada pavimentada e finalmente pararam em frente a uma igrejinha de porta aberta.

Zeca, o menino, desceu do caminhão, entrou na igreja com seu presente e colocou-o ao lado do altar, num presépio arrumado com carinho. Lá já estavam José, Maria, carneirinhos, pastores, uma vaca e um burrinho.

O pinheirinho estremeceu de alegria ao se ver fazendo parte daquele grupo de tanta paz.

Alguém chegaria em breve e ele se sentia preparado para recebê-lo.

Reflexão: Jesus está para chegar.
Precisamos estar atentos. Precisamos vigiar! Jesus quer encontrar-nos fazendo o bem: amando a todas as pessoas (para sermos amados por ele), perdoando aos que nos fazem sofrer (assim Jesus perdoará nossas faltas, que são muitas...), ajudando a todos que precisam de auxílio, em casa, na escola, na rua (assim seremos ajudados por Jesus). Enfim, seguindo sempre seu exemplo!

A HISTÓRIA DE MARIA

**IMACULADA CONCEIÇÃO
DE NOSSA SENHORA
(Lc 1,26-38)**

Naquele tempo, [26]no sexto mês, o anjo Gabriel foi enviado por Deus a uma cidade da Galileia, chamada Nazaré, [27]a uma virgem prometida em casamento a um homem chamado José. Ele era descendente de Davi e o nome da Virgem era Maria. [28]O anjo entrou onde ela estava e disse: "Alegra-te, cheia de graça, o Senhor está contigo!" [29]Maria ficou perturbada com estas palavras e começou a pensar qual seria o significado da saudação. [30]O anjo, então, disse-lhe: "Não tenhas medo, Maria, porque encontraste graça diante de Deus. [31]Eis que conceberás e darás à luz um filho, a quem porás o nome de Jesus. [32]Ele será grande, será chamado Filho do Altíssimo, e o Senhor Deus lhe dará o trono de seu pai Davi. [33]Ele reinará para sempre sobre os descendentes de Jacó, e seu reino não terá fim". [34]Maria perguntou ao anjo: "Como acontecerá isso, se eu não conheço homem algum?" [35]O anjo respondeu: "O Espírito virá sobre ti, e o poder do Altíssimo te cobrirá com sua sombra. Por isso, o menino que vai nascer será chamado Santo, Filho de Deus. [36]Também Isabel, tua parenta, concebeu um filho na velhice. Este já é o sexto mês daquela que era considerada estéril, [37]porque para Deus nada é impossível". [38]Maria, então, disse: "Eis aqui a serva do Senhor; faça-se em mim segundo tua palavra!" E o anjo retirou-se.

Maria, Jovem

Lá ao longe, em Israel, na cidade chamada Nazaré, morava uma excelente mocinha. Meiga, simples, alegre e bondosa: Maria. Maria nada esperava. Era muito humilde e achava que nunca seria a indicada. Certa vez, Maria estava rezando quando surgiu a sua frente um anjo:

— Ave, Maria! Salve, Maria! Maria, cheia de graça! Você é bendita entre todas as mulheres. Você foi a escolhida para ser a Mãe do Messias.

— Eu? Não sou a mais bonita ou a mais rica ou a mais sábia.

— Deus escolheu você. O Messias receberá o nome de Jesus. Também sua prima Isabel,

embora velha, terá um filho que se chamará João. Tudo isso acontecerá porque para Deus nada é impossível.
O anjo, logo depois, subiu ao céu.
Maria com simplicidade, mas cheia de alegria murmurou:
— Meu Deus, seja feita vossa vontade.

Maria, Mulher

Maria foi visitar a prima Isabel.
O caminho era longo.
Maria teve de andar muito, subir montanhas, atravessar rios, enfrentar o sol.
Todos achavam que Maria não chegaria a casa de Isabel porque ela estava grávida e o caminho era longo.
Maria pensava:
— Minha prima Isabel precisa de mim. Estou pronta para ajudá-la.
— Isabel, eu vim ajudá-la.
Nesse momento, Isabel ouviu a voz de Deus que lhe disse que Maria iria ser a Mãe de Jesus! Isabel disse:

— Maria, você é a mulher mais importante do mundo: será a Mãe de Jesus.
Maria respondeu:
— Meu coração agradece a Deus!
Maria passou seis meses na casa de Isabel, ajudando a prima a lavar, a cozinhar e a passar roupa.
Ao voltar para casa, soube por José que teriam de viajar, pois haveria recenseamento para saber o número de crianças que iriam nascer.
Maria e José foram para Belém.

Maria, Mãe de Jesus

Em Belém, José bateu em todas as portas. Não havia mais nenhum lugar para dormirem.
José descobriu uma estrebaria onde viviam animais. Foi nesse lugar que nasceu Jesus, numa noite cheia de estrelas.
Maria não ficou triste por não ter uma cama para dormir.
Maria ganhou na mesma noite seu Filho Jesus.
Os pastores e os sábios trouxeram presentes para Jesus, o Rei da Terra e do Céu.

Reflexão: Maria foi muito dedicada a Jesus, a José e a todos os que dela precisaram.
E assim viveu com Jesus até que ele completasse trinta e três anos.
É por isso que Maria, boa jovem, boa mulher, foi levada para o Céu de Corpo e Alma. Isso se chama Assunção!

MUDE DE IDEIA

2º DOMINGO DO ADVENTO
(Mt 3,1-12)

¹Naqueles dias, apareceu João Batista, pregando no deserto da Judeia: ²"Convertei-vos, porque o Reino dos Céus está próximo". ³João foi anunciado pelo profeta Isaías, que disse: "Esta é a voz daquele que grita no deserto: preparai o caminho do Senhor, endireitai suas veredas!" ⁴João usava uma roupa feita de pelos de camelo e um cinturão de couro em torno dos rins; comia gafanhotos e mel do campo. ⁵Os moradores de Jerusalém, de toda a Judeia e de todos os lugares em volta do rio Jordão vinham ao encontro de João. ⁶Confessavam seus pecados e João os batizava no rio Jordão. ⁷Quando viu muitos fariseus e saduceus vindo para o batismo, João disse-lhes: "Raça de cobras venenosas, quem vos ensinou a fugir da ira que vai chegar? ⁸Produzi frutos que provem vossa conversão. ⁹Não penseis que basta dizer: 'Abraão é nosso pai', porque eu vos digo: até mesmo destas pedras Deus pode fazer nascer filhos de Abraão. ¹⁰O machado já está na raiz das árvores, e toda árvore que não der bom fruto será cortada e jogada no fogo. ¹¹Eu vos batizo com água para a conversão, mas aquele que vem depois de mim é mais forte do que eu. Eu nem sou digno de carregar suas sandálias. Ele vos batizará com o Espírito Santo e com fogo. ¹²Ele está com a pá na mão; ele vai limpar sua eira e recolher seu trigo no celeiro; mas a palha ele a queimará no fogo que não se apaga".

Um pinheirinho sentia-se muito infeliz.

— Vejam como sou feio! Só tenho agulhas pontudas que machucam... Os passarinhos não cantam em meus galhos e nasci escondido de todos no meio destas altas mangueiras, que me escondem e quase não me deixam respirar... Ó Senhor da floresta, do céu e da terra, do mar e dos rios, quer ver-me feliz? Cubra-me de ouro para que eu me transforme em alguém magnífico, poderoso, milionário, a quem todos se curvam e invejam.

O ambicioso pinheirinho abaixou seus galhos sonhando com riqueza, brilho e poder.

No dia seguinte ao acordar estremeceu de alegria:

Ao amanhecer, que surpresa: fora atendido em seu pedido!
— Que lindo! — cantaram os passarinhos.
— Como brilha! — batiam as asinhas as mariposas atraídas pela luz.
O pinheirinho estava radiante, sentindo-se o deus da floresta, mas de repente soprou um vento forte na floresta e ele virou caquinhos de cristal...
— Esqueci-me do vento! Perdoe-me, Senhor da floresta, veja como estou horrível... Esqueci-me do vento... Ó Senhor da floresta, do céu, da terra, do mar e dos rios eu... eu... quero folhas novas, tenras, macias, pois assim seria um pinheiro diferente e todos teriam inveja de mim...
O dia passou, a noite chegou e novamente o sol raiou.
Lá estava ele, uma graça, coberto de folhas macias.
— Ninguém agora vai roubar-me...
— Mé! Mé! Mé! — Um fato de cabras surgiu nesse exato momento e... nhoc... nhoc... nhoc comeu todas as apetitosas folhas.
O pinheirinho voltou a ser feio e triste.
— Aprendeu a lição amigo? Sempre sei o que é melhor para todos vocês! Ainda quer ser diferente?
— Não, Senhor, perdoe-me! Quero ser sempre o pinheirinho de Jesus.

— Oh! que maravilha! Tornara-se todo de ouro! Agora seria invejado! Seria aclamado o rei da floresta! Durou pouco a alegria do pinheiro de ouro, pois logo apareceu um ladrão mal-encarado e roubou suas agulhas de ouro...
— Como sou infeliz! Esqueci-me dos ladrões que roubam coisas valiosas. Fiquei pelado e feio. Ó Senhor da floresta, do céu, da terra, do mar e dos rios, cubra-me de cristal para que eu ofusque com meu brilho, com minhas luzes, com meus inúmeros arco-íris.
Sonhando, passou o dia e a noite.

Reflexão: João Batista pregando no deserto da Judeia, dizendo: "Convertam-se!"
O pinheirinho era bem-ambicioso, por isso sofreu muito e se afastou de Jesus.
Cuidado! O Reino de Deus está chegando. Preparem-se! Afastem de suas vidas a ambição, a falta de amor, a falta de aceitação da vontade de Deus! Digamo-lhe sempre: "Sim! Estou pronto para recebê-lo! Pode vir buscar-me".

COMO SE PREPARA O CAMINHO DE JESUS

3º DOMINGO DO ADVENTO
(Mt 11,2-11)

Naquele tempo, ²João estava na prisão. Quando ouviu falar das obras de Cristo, enviou-lhe alguns discípulos, ³para lhe perguntarem: "És tu aquele que há de vir, ou devemos esperar um outro?"
⁴Jesus respondeu-lhes: "Ide contar a João o que estais ouvindo e vendo: ⁵os cegos recuperam a vista, os paralíticos andam, os leprosos são curados, os surdos ouvem, os mortos ressuscitam e os pobres são evangelizados. ⁶Feliz aquele que não se escandaliza por causa de mim!"
⁷Os discípulos de João partiram, e Jesus começou a falar às multidões sobre João: "O que fostes ver no deserto? Um caniço agitado pelo vento? ⁸O que fostes ver? Um homem vestido com roupas finas? Mas os que vestem roupas finas estão nos palácios dos reis. ⁹Então, o que fostes ver? Um profeta? Sim, eu vos afirmo, é alguém que é mais do que profeta. ¹⁰É dele que está escrito: 'Eis que envio meu mensageiro a tua frente; ele vai preparar teu caminho diante de ti'.
¹¹Em verdade vos digo, de todos os homens que já nasceram, nenhum é maior do que João Batista. No entanto, o menor no Reino dos Céus é maior do que ele".

Um lindo pinheiro-do-Paraná apreciava com entusiasmo os preparativos para a chegada de Jesus. Num grande canteiro, vários passarinhos haviam semeado sementes de flores perfumadas e de todas as cores.
— Jesus vai chegar! — cantava o rouxinol.
— Vamos preparar o caminho para recebê-lo! — trinava o sabiá.
— Ele será homenageado por nós com perfumes, cores e flores! — entoava o canário belga.

O gracioso pinheiro-do-Paraná sacudiu as palmas em sinal de alegria.

Embaixo de grandes ficos, protegidos pelas sombras acolhedoras, um saltitante grupo de tangarás ensaiava a bela quadrilha que sabiam tão bem dançar, orientados pelo canto e marcação das maitacas estridentes.

No meio da touceira, um casal de belíssimos

tucanos abraçava-se e beijava-se, parecendo dizer:

— É época de amar, perdoar e ter compreensão uns pelos outros...

O majestoso pinheiro-do-Paraná a tudo assistia e esperava.

Foi então que chegaram, batendo as asas transparentes, dezenas de borboletas azuis, amarelas, vermelhas, negras, brancas que, num balé nunca visto, rodearam o roseiral do jardim formando uma ciranda de união, de respeito e de aceitação, sem preconceito de cores.

O pinheiro-do-Paraná se estremeceu de entusiasmo...

Foi então que apareceu um homem vestido de pele de animal, humilde, simples, mas um mestre da palavra! Um profeta! Mais que um profeta: o mensageiro de Deus! Aquele que veio antes de Jesus para anunciar sua chegada, dizendo a todos que aquele que viria era o Poderoso Mestre!

Era João Batista, o profeta, o mensageiro de Deus, o que veio para ensinar as pessoas a mudarem de vida, tornarem-se boas, generosas, humildes, acreditando naquele que chegaria em breve.

Foi então que aconteceu uma esplêndida demonstração. Naquele lugar, todos estavam numa festa indescritível: flores, pássaros e borboletas dançavam em volta de João, atraindo centenas de crianças que cantavam:

"Oh, Jesus, meu bom Jesus,
vem, Senhor, em mim morar.
Sei servir e perdoar
e a todos quero amar!"

JOÃO BATISTA
(Dramatização)

(Entra um homem iluminado. Ele será exemplo de alguém que tem muita luz para que todos aumentem sua fé.)

Narrador: O homem não é a Luz. Veio dar exemplo de Luz. Seu nome: João.

(Entram os sacerdotes e os levitas.)

Levita: Quem é você? É o Messias?
João: Eu não sou o Messias.
Levita: Quem é você? É Elias?
João: Não sou!
Levita: Você é o Profeta?
João: Não, não sou!
Sacerdote: Quem é você, então? Temos de levar uma resposta aos que nos enviaram.
Levita: Que você diz de você mesmo?
João: Eu sou uma voz que grita no deserto. Vim preparar o caminho do Senhor, como disse o Profeta Isaías.
Narrador: Ora, entre os enviados estavam também fariseus e esses perguntaram:
Fariseus: Então, por que você batiza, se não é o Messias ou Elias, ou o Profeta?
Narrador: João respondeu.
João: Eu batizo com água, mas no meio de vocês está aquele que vocês não conhecem e que vem depois de mim. Eu nem mereço desamarrar a correia de suas sandálias.
Narrador: Isso aconteceu em Betânia, na outra margem do Jordão, onde João estava batizando.

(O teatro termina com os "artistas" saindo pela sacristia e João pelo centro da Igreja, abençoando com águas as pessoas que estiverem presentes.)

MARIA, MÃE DE JESUS

4º DOMINGO DO ADVENTO
(Mt 1,18-24)

[18] A origem de Jesus Cristo foi assim: Maria, sua mãe, estava prometida em casamento a José, e, antes de viverem juntos, ela ficou grávida pela ação do Espírito Santo. [19] José, seu marido, era justo e, não querendo denunciá-la, resolveu abandonar Maria, em segredo. [20] Enquanto José pensava nisso, eis que o anjo do Senhor apareceu-lhe, em sonho, e lhe disse: "José, Filho de Davi, não tenhas medo de receber Maria como tua esposa, porque ela concebeu pela ação do Espírito Santo. [21] Ela dará à luz um filho, e tu lhe darás o nome de Jesus, pois ele vai salvar seu povo de seus pecados". [22] Tudo isso aconteceu para se cumprir o que o Senhor havia dito pelo profeta: [23] "Eis que a virgem conceberá e dará à luz um filho. Ele será chamado pelo nome de Emanuel, que significa: Deus está conosco". [24] Quando acordou, José fez conforme o anjo do Senhor havia mandado, e aceitou sua esposa.

(Dramatização)

Personagens: Deus (Voz), Maria, anjo Gabriel, Isabel, criança (com cartaz de Nazaré).

Caracterização: Túnicas de diversas cores; sandálias de dedo ou franciscanas etc. (menos tênis); mantos para Maria e Isabel, sobre as túnicas.

Cenário: É usada a própria igreja. A casa de Maria (próxima à porta), a casa de Isabel (perto do altar). Para preparar o caminho, colocar entre dois grupos de bancos papel verde (vegetação), papel azul (rios) e jornal (pedras). Se quiser, pode-se usar fumaça saindo da porta da sacristia, simbolizando a voz de Deus, que deve falar bem alto e com voz forte e firme; mesa com duas cadeiras (casa da Isabel); vassoura e espanador (para Maria); uma bacia e peças de roupas para lavar (trabalho de Maria). Um cartaz escrito: "Nazaré".

Sonoplastia: Embalançar folha de zinco (antes de se ouvir a voz de Deus). Usar um CD ou uma bela voz de alguém cantando (pode ser a própria

Maria). Arpejo no piano, órgão ou violão, para a aparição e para a saída do anjo Gabriel.

Comentarista: (Deus fala sem aparecer) Gabriel! Vá à cidade da Galileia e leve um recado para Maria, noiva de José. O recado é este, venha ouvi-lo.

(Gabriel entra na fumaça. O anjo desaparece. Entra Maria. O anjo Gabriel volta e diz a Maria:)

Anjo: Ave, Maria! Você é cheia de graça. O Senhor está com você!

Comentarista: Maria não sabia o que fazer ao ouvir essa saudação. Pensou: "Não entendi o que o anjo falou. Que será que o Senhor mandou dizer-me?"

Anjo: Não tenha medo, Maria, Deus está com você. Você terá um filho que se chamará Jesus. Ele vai ser um grande homem e é o Filho de Deus!

Maria: Como vai acontecer isso?

Anjo: O Espírito Santo descerá e você se encherá do poder de Deus. Por isso, o menino que vai nascer será chamado o Filho de Deus!

(Silêncio... Música instrumental de fundo.)

Anjo: Outra coisa, Maria. Sua prima Isabel, apesar de velhinha, vai ter um bebê, porque para Deus nada é impossível.

Maria: Sou a escrava do Senhor. Que em mim se faça a vontade de Deus.

Comentarista: O anjo desapareceu, e Maria ficou sozinha, pensou em sua prima Isabel.

Maria: Vou visitar Isabel, minha prima.

Comentarista: Maria, apesar de grávida, pôs-se a andar atravessando um rio e subindo a montanha.

Comentarista: Descem do céu muitos anjos para proteger Maria e com ela cantam:

"A nós descei, divina luz,
a nós descei, divina luz.
Em nossas almas acendei
o amor, o amor de Jesus!"

NATAL — 25 DE DEZEMBRO

I. MISSA DA VIGÍLIA
(Lc 2,1-14)

¹Aconteceu que, naqueles dias, César Augusto publicou um decreto, ordenando o recenseamento de toda a terra.
²Este primeiro recenseamento foi feito quando Quirino era governador da Síria.
³Todos iam registrar-se cada um na sua cidade natal.
⁴Por ser da família e descendência de Davi, José subiu da cidade de Nazaré, na Galileia, até a cidade de Davi, chamada Belém, na Judeia, ⁵para registrar-se com Maria, sua esposa, que estava grávida.
⁶Enquanto estavam em Belém, completaram-se os dias para o parto, ⁷e Maria deu à luz seu filho primogênito. Ela o enfaixou e o colocou na manjedoura, pois não havia lugar para eles na hospedaria.
⁸Naquela região havia pastores que passavam a noite nos campos, tomando conta de seu rebanho.
⁹Um anjo do Senhor apareceu aos pastores, a glória do Senhor os envolveu em luz, e eles ficaram com muito medo. ¹⁰O anjo, porém, disse aos pastores: "Não tenhais medo! Eu vos anuncio uma grande alegria, que o será para todo o povo: ¹¹Hoje, na cidade de Davi, nasceu para vós um Salvador, que é o Cristo Senhor. ¹²Isto vos servirá de sinal: Encontrareis um recém-nascido envolvido em faixas e deitado numa manjedoura".
¹³E, de repente, juntou-se ao anjo uma multidão da coorte celeste. Cantavam louvores a Deus, dizendo: ¹⁴"Glória a Deus no mais alto dos céus, e paz na terra aos homens por ele amados".

Personagens: Crianças vestidas com túnicas pretas (as túnicas podem ser de papel); comentarista (explicando o que está acontecendo); Maria, José, Jesus (uma família); João (que será mencionado); outras crianças vestidas com roupas comuns.

Cenário: Lugar alto para Maria, José e Jesus. Lanternas fortes para iluminar o alto e, depois, Jesus! Lugar para ser colocado Jesus. Cesta onde serão colocados os presentes das crianças para Jesus.

Vestuário: As crianças que representam o silêncio, vestidas com túnicas pretas de papel crepom e descalças. Maria e José, com túnicas coloridas e mantas. Jesus de camisolinha dourada, representando a "luz".

Fundo musical: Para a dança do silêncio um "noturno". Para o final alegre, quando as crianças oferecem um presente significativo a Jesus, música alegre:
"Dá cepa brotou a flor,
da flor nasceu Maria,
de Maria o Salvador".

Neste dia, neste dia, o incrível, o verdadeiro, coisa que nun-

ca se viu, morar com cordeiro a comer do mesmo pasto. Tigre, boi, burro e leão, guiados por um menino, se confraternizarão.
Refrão: Da cepa brotou a rama...

(A igreja bem escura, sem luz; lanternas jogam luz no alto. Dança do silêncio.)

Comentarista: Quando um profundo silêncio envolvia todas as coisas e a noite chegava, sua Palavra todo-poderosa desceu dos céus (Sb 18,14-15).

(Dança do silêncio.)

Comentarista: Existiu um homem chamado João que foi enviado por Deus para dar testemunho da Luz. Através da palavra de João os homens entenderam o que seria aquela luz. João não era a luz, mas veio para falar sobre a luz.

(Acendam-se só as lanternas para o alto. As luzes cruzam-se e focalizam Jesus, que entra no colo de Maria, protegida por José.)

Presidente: E o Verbo se fez carne.
1ª criança: Quer dizer que a luz é Jesus!
Comentarista: Ajoelhem-se! A Palavra de Deus, o Verbo, nasce em Jesus.
(Batem-se palmas para Jesus.)
2ª criança: Ele veio para nos libertar de nossos pecados.
3ª criança: Ele veio porque aqui tudo era dele!
4ª criança: Ele veio para nos ensinar a amar, a perdoar e a ter fé em Deus!
5ª criança: Ele veio porque ele é Filho de Deus!
6ª criança: Todos os que acreditam em Jesus são seus irmãos e também filhos de Deus.

(Música alegre, dança alegre. Todas as luzes acesas.)

A HISTÓRIA SE REPETE (1ª parte)

Severino e Josefina chegaram ao Rio de Janeiro. Vieram de Pernambuco, fugidos da seca: não era possível viver numa terra onde o milho, a mandioca, a soja, o feijão, o arroz e até a cana-de-açúcar não cresciam por falta de água. Severino e Josefina venderam o barraco e a terrinha por pouco dinheiro já que pelas redondezas ninguém era rico.

Compraram as passagens de ônibus Recife-Rio, e após três dias de viagem, cansados, com fome, chegaram cheios de esperança ao Rio de Janeiro. Muito animados foram até as casas mais ricas.

— Precisam de um casal para trabalhar?
— Vocês? Assim, magros, sujos, com cara de fome?
— Vocês têm recomendações de alguém? Além de sujos e com fome, você, mulher, está esperando um bebê! Aqui não precisamos de crianças.

Severino e Josefina abaixaram a cabeça e choraram de tristeza e de humilhação.

E, assim, o pobre casal foi de mansão em mansão, de casa em casa, de apartamento em apartamento e nada conseguiram.

Mas Severino e Josefina tinham fé e continuaram a caminhada.

— Aonde vão? — perguntou uma senhora muito simpática.
— Não sabemos.
— Vocês não têm casa, nem arranjaram emprego?
— É verdade!
— Venham comigo então. Moro naquela favela ali adiante.
— É no morro?
— É verdade. O lugar é pobre, mas vocês ficarão abrigados.

Severino e Josefina acompanharam Dona Arlete, que lhes proporcionou bacias cheias de água para o banho, um prato grande de angu para matar a fome dos dois.

— Obrigado, Dona Arlete! Obrigado!

E naquela mesma noite nasceu no barraco do Morro dos Cabritos um bebezinho lindo.

Como não tivesse roupinhas apropriadas, a criancinha foi enrolada em uma manta velha, mas bem limpinha. E todos do morro, velhos, senhoras, senhores, jovens e crianças, vieram conhecer o bebezinho lindo que acabara de nascer.

Reflexão: Jesus nasce em todas as criancinhas. Nunca as abandona. Infelizmente, quando crescem, muitas o abandonam.

JESUS E JOÃO

II. MISSA DO DIA
(Jo 1,1-18)

¹No princípio era a Palavra, e a Palavra estava com Deus; e a Palavra era Deus.

²No princípio estava ela com Deus. ³Tudo foi feito por ela e sem ela nada se fez de tudo que foi feito.

⁴Nela estava a vida, e a vida era a luz dos homens. ⁵E a luz brilha nas trevas, e as trevas não conseguiram dominá-la.

⁶Surgiu um homem enviado por Deus; seu nome era João. ⁷Ele veio como testemunha, para dar testemunho da luz, para que todos chegassem à fé por meio dele. ⁸Ele não era a luz, mas veio para dar testemunho da luz: ⁹daquele que era a luz de verdade, que, vindo ao mundo, ilumina todo ser humano.

¹⁰A Palavra estava no mundo — e o mundo foi feito por meio dela —, mas o mundo não quis conhecê-la. ¹¹Veio para o que era seu, e os seus não a acolheram.

¹²Mas, a todos que a receberam, deu-lhes capacidade de se tornarem filhos de Deus, isto é, aos que acreditam em seu nome, ¹³pois estes não nasceram do sangue nem da vontade da carne nem da vontade do varão, mas de Deus mesmo.

¹⁴E a Palavra se fez carne e habitou entre nós. E nós contemplamos sua glória, glória que recebe do Pai como Filho unigênito, cheio de graça e de verdade.

¹⁵Dele, João dá testemunho, clamando: "Este é aquele de quem eu disse: O que vem depois de mim passou a minha frente, porque ele existia antes de mim".

¹⁶De sua plenitude todos nós recebemos graça por graça. ¹⁷Pois por meio de Moisés foi dada a Lei, mas a graça e a verdade nos chegaram através de Jesus Cristo.

¹⁸A Deus ninguém jamais viu. Mas o Unigênito de Deus, que está na intimidade do Pai, ele no-lo deu a conhecer.

(Jogral)

Lado A: João vivia cercado de grande multidão. Esperava o Salvador, esperava a salvação.

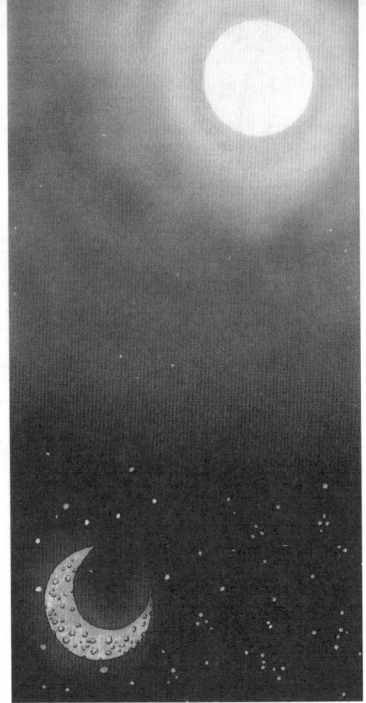

Lado B: Assim João dizia:
"O Salvador já chegou!
Nós todos vamos vê-lo,
pois em nosso meio entrou".

Todos: "De todos os corações,
tirem qualquer maldade!
Procurem só o amor,
o perdão e a bondade!"

Lado A: "Ajudem quem passa fome,
quem passa necessidade!
É importante que saibam
viver a caridade!"

Lado B: "Aproximem-se, irmãos,
escutem o que lhes digo:
Vou batizar vocês
na graça do Deus Amigo".

Todos: Ao ver Jesus de longe,
João disse com amor:
"Eis o Cordeiro de Deus,
eis o nosso Salvador!"

Lado A: E batizou Jesus
nas águas do rio Jordão:
Jesus, que é Filho de Deus
e também nosso irmão.

Lado B: E o Pai do céu falou:
"Eis meu Filho amado,
que o mundo vai libertar
da morte e do pecado!"

Todos: Nas águas do Batismo,
nós também renascemos.
Glória ao Pai e ao Filho
e ao Espírito Santo demos!

Lado A: O Batismo
nos fortalece
na luta contra o mal.
E nos dá a luz da fé:
riqueza sem igual.

Lado B: Ele nos dá coragem
de amar até o inimigo.
Nos faz ver em cada homem
um irmão e um amigo.

Todos: Nós fomos batizados
para formar unidade
com todos os filhos de Deus,
na Família da Trindade.

A HISTÓRIA SE REPETE

(2ª parte)

**SAGRADA FAMÍLIA
JESUS, MARIA, JOSÉ**
(Mt 2,13-23)

¹³Depois que os magos partiram, o Anjo do Senhor apareceu em sonho a José e lhe disse: "Levanta-te, pega o menino e sua mãe e foge para o Egito! Fica lá até que eu te avise! Porque Herodes vai procurar o menino para matá-lo".

¹⁴José levantou-se de noite, pegou o menino e sua mãe, e partiu para o Egito. ¹⁵Ali ficou até à morte de Herodes, para se cumprir o que o Senhor havia dito pelo profeta: "Do Egito chamei o meu Filho".

¹⁶Então Herodes, vendo-se enganado pelos Magos, ficou com raiva e mandou matar, em Belém e nas vizinhanças, todos os meninos de dois anos para baixo, conforme o tempo que indagara dos Magos. ¹⁷Então se cumpriu o que fora dito pelo profeta Jeremias com as palavras: ¹⁸Em Ramá se ouviu uma voz, choro e grandes gemidos; é Raquel chorando seus filhos, e não quer ser consolada, porque já não existem.

¹⁹Quando Herodes morreu, o anjo do Senhor apareceu em sonho a José, no Egito, ²⁰e lhe disse: "Levanta-te, pega o menino e sua mãe, e volta para a terra de Israel; pois aqueles que procuravam matar o menino já estão mortos".

²¹José levantou-se, pegou o menino e sua mãe, entrou na terra de Israel.

²²Mas, quando soube que Arquelau reinava na Judeia, no lugar de seu pai Herodes, teve medo de ir para lá. Por isso, depois de receber um aviso em sonho, José retirou-se para a região da Galileia, ²³e foi morar numa cidade chamada Nazaré. Isso aconteceu para se cumprir o que foi dito pelos profetas: "Ele será chamado Nazareno".

Severino, Josefina e o bebê Joãozinho viveram alguns dias muito felizes na casa de Dona Arlete, no Morro dos Cabritos.

Tinham saudades de sua terra, mas era impossível levar uma criancinha para um lugar sem água e sem comida.

Severino arranjou um emprego de faxineiro num edifício da zona Sul do Rio. Trabalhava doze horas por dia, esfregando o chão, varrendo as escadas, limpando os metais, as paredes e os espelhos.

Já ajudava Dona Arlete dando-lhe quase todo o pagamento.

Finalmente, Severino, por seu trabalho, bondade e educação, foi promovido a porteiro do Edifício Cléo.

Mudou-se com Josefina e Joãozinho para o pequenino apartamento destinado ao porteiro, depois de agradecer muito a Dona Arlete tudo o que fizera por ele e por sua família.

— Deus há de recompensá-la!

Severino era excelente porteiro: abria e fechava as portas de entrada e do elevador para as pessoas, carregava embrulhos e sacolas do supermercado, respondia a todas as perguntas com palavras gentis e não saía de seu posto.

Joãozinho cresceu e precisava brincar.

Josefina levou-o para o pátio onde estavam as outras crianças.

O síndico zangado gritou:

— Aqui só brincam as crianças moradoras dos apartamentos e seus convidados.

Josefina chorando voltou para o quartinho e contou tudo a Severino.

Fomos expulsos do parque...

Não havia outra solução: Severino, Josefina e Joãozinho tiveram de voltar ao morro e construíram um barraco ao lado de Dona Arlete. Lá, pelo menos, o menininho tinha liberdade de andar, correr, brincar e cantar. E o menino cresceu cheio de alegria, de bondade e de amor!

Reflexão: Há famílias que são santas: pai, mãe e filho formando um verdadeiro lar.

ORAÇÃO A MARIA

SOLENIDADE DA SANTA MÃE DE DEUS, MARIA
(Lc 2,16-21)

Naquele tempo: ¹⁶Os pastores foram às pressas a Belém e encontraram Maria e José, e o recém-nascido deitado na manjedoura. ¹⁷Tendo-o visto, contaram o que lhes fora dito sobre o menino. ¹⁸E todos os que ouviram os pastores ficaram maravilhados com aquilo que contavam. ¹⁹Quanto a Maria, guardava todos esses fatos e meditava sobre eles em seu coração. ²⁰Os pastores voltaram, glorificando e louvando a Deus por tudo que tinham visto e ouvido, conforme lhes tinha sido dito. ²¹Quando se completaram os oito dias para a circuncisão do menino, deram-lhe o nome de Jesus, como fora chamado pelo anjo antes de ser concebido.

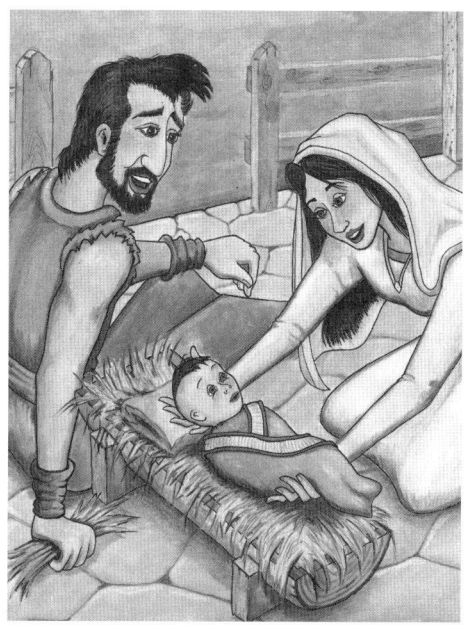

1º de janeiro
(Jogral)

Voz: Nossa Senhora, nós lhe queremos muito bem, do fundo do coração, porque você é a Mãe de Jesus e também nossa Mãe.

Todos: Nós lhe queremos muito bem, Maria, Mãe de Jesus.

Voz: Você cuidou de Jesus quando ele era pequeno.

Todos: Obrigado, Maria, porque amou muito seu Filho Jesus.

Voz: Maria, que é Mãe de Jesus, é também nossa Mãe do Céu.

Todos: Dê-nos sua bênção, Maria!

Voz: Maria, você que foi a mãe carinhosa, a mãe perfeita, proteja nossas mães.
Todos: Ajude nossas mães, Maria do Céu.
Voz: Maria, você foi simples, a mais humilde de todas as mulheres.
Todos: Nós queremos ter sua simplicidade.
Voz: Maria, sua beleza vinha de seu coração.
Todos: Nós queremos ter o coração cheio de beleza.
Voz: Maria, toda a sua vida foi de bondade e de doçura.
Todos: Maria, queremos ser bons como você.
Voz: Maria, a mais justa entre as mulheres, não errou nenhuma vez.
Todos: Ajude-nos a não errar, Mãe do Céu.
Voz: Maria, a paz estava em seu olhar, em seus gestos, em seu coração.
Todos: Nós queremos viver em paz!
Voz: Nós fazemos uma homenagem a Maria, escolhendo o 1º dia do ano para ser o Dia da Mãe de Jesus, para ser o Dia da Paz.
Todos: Mãe querida, salve os povos que estão em guerra. Dê-lhes a Paz!
Voz: Ampare, Mãe de Jesus, os que estão doentes, os que estão sem emprego, os que são humilhados.
Todos: E ajude as criancinhas que sofrem por não ter o que comer e o que vestir.
Voz: Neste 1º de janeiro, nós lhe pedimos, Maria, que abençoe nosso Brasil e nossas famílias.
Todos: Abençoe o povo brasileiro, dando-lhe força e coragem.
Voz: E agora juntinhos, neste 1º dia do ano, dia do Ano Novo, Dia da Paz; vamos rezar com muita fé a Ave-Maria.
Todos: Ave, Maria, cheia de graça...
Voz: Viva a Mãe de Jesus e nossa mãe do céu.
Todos: Viva!

E OS HOMENS CAMINHARAM

EPIFANIA DO SENHOR
(Mt 2,1-12)

¹Tendo nascido Jesus na cidade de Belém, na Judeia, no tempo do rei Herodes, eis que alguns magos do Oriente chegaram a Jerusalém, ²perguntando: "Onde está o rei dos judeus, que acaba de nascer? Nós vimos sua estrela no Oriente e viemos adorá-lo".

³Ao saber disso, o rei Herodes ficou perturbado assim como toda a cidade de Jerusalém.

⁴Reunindo todos os sumos sacerdotes e os mestres da Lei, perguntava-lhes onde o Messias deveria nascer. ⁵Eles responderam: "Em Belém, na Judeia, pois assim foi escrito pelo profeta: ⁶E tu, Belém, terra de Judá, de modo algum és a menor entre as principais cidades de Judá, porque de ti sairá um chefe que vai ser o pastor de Israel, meu povo".

⁷Então Herodes chamou em segredo os magos e procurou saber deles cuidadosamente quando a estrela tinha aparecido. ⁸Depois os enviou a Belém, dizendo: "Ide e procurai obter informações exatas sobre o menino. E, quando o encontrardes, avisai-me, para que também eu vá adorá-lo".

⁹Depois que ouviram o rei, eles partiram. E a estrela, que tinham visto no Oriente, ia adiante deles, até parar sobre o lugar onde estava o menino.

¹⁰Ao verem de novo a estrela, os magos sentiram uma alegria muito grande.

¹¹Quando entraram na casa, viram o menino com Maria, sua mãe. Ajoelharam-se diante dele, e o adoraram. Depois abriram seus cofres e lhe ofereceram presentes: ouro, incenso e mirra.

¹²Avisados em sonho para não voltarem a Herodes, retornaram para a sua terra, seguindo outro caminho.

(A um gesto, combinado com a animadora, as crianças dirão: "E os homens caminharam...". A um segundo gesto, dirão: "E os homens pararam".)

Três homens vinham caminhando. De repente ficaram admirados com algo que viram e pararam por uns momentos: todas as flores do campo desabrocharam ao mesmo tempo e exalaram um perfume doce e acolhedor.

E os homens caminharam. Novamente pararam por instantes: dessa vez olharam para o alto e viram os passarinhos alegremente baterem suas asas, formando figuras deslumbrantes no céu, enquanto juntos cantavam lindas melodias.

E os homens caminharam...

Mais adiante, pararam seus camelos enfeitados com luxo e beleza. Ali perto, as abelhinhas tinham saído da colmeia e zumbiam alegremente.

E os homens caminharam... Dessa vez viram-se cercados por mil borboletas verdes, azuis, amarelas, vermelhas, roxinhas, que formavam uma ciranda de amor.

E os homens caminharam... os pastores desciam os morros com suas ovelhas e carneiros, que pulavam numa festa de alegria.

E os homens caminharam... Os astros no céu brilhavam mais do que nunca, irradiando luzes de todas as cores, e uma grande estrela que se deslocava vagarosamente parou de repente. O sino de uma capela tocou sua música preferida: "Dlim, dlom! Dlim, dlom!

E os homens pararam! Estavam em frente a um estábulo onde os animais descansavam. O que estava acontecendo para haver a festa máxima de alegria e de amor, de carinho e de emoção?

Por que a natureza vibrava em festa com as flores, os passarinhos, as abelhas, as borboletas, os pastores, os rebanhos, dando o que tinham de melhor de si? As criancinhas pretas, brancas e amarelas deram-se então as mãos e cantaram:

"Bate o sino pequenino, sino de Belém.
Já nasceu o Deus Menino para o nosso bem.
Paz na terra, pede o sino, alegre a cantar.
Abençoe, Deus menino, este nosso lar!"

Sim, era isto! Jesus nascera para salvar os homens.

— Viva! Viva!

Os três homens pararam. Saltaram de seus camelos e caminharam em direção à criança. Traziam ricos presentes em suas mãos: ouro, incenso e mirra, para ofertá-los a Jesus, tão humilde que escolhera um estábulo para nascer...

Eram os Reis Magos: Gaspar, Baltazar e Melquior, que vinham de longe para saudar Jesus, o Rei dos Reis, o Filho de Deus!

BATISMO DE JESUS

BATISMO DO SENHOR
(Mt 3,13-17)

Naquele tempo, ¹³Jesus veio da Galileia para o rio Jordão, a fim de se encontrar com João e ser batizado por ele.

¹⁴Mas João protestou, dizendo: "Eu preciso ser batizado por ti, e tu vens a mim?"

¹⁵Jesus, porém, respondeu-lhe: "Por enquanto deixa como está, porque nós devemos cumprir toda a justiça!" E João concordou.

¹⁶Depois de ser batizado, Jesus saiu logo da água. Então o céu se abriu e Jesus viu o Espírito de Deus, descendo como pomba e vindo pousar sobre ele.

¹⁷E do céu veio uma voz que dizia: "Este é meu Filho amado, no qual pus meu agrado".

(Dramatização)

Personagens: Narrador, João Batista, Zacarias, Isabel, Gabriel, Jesus, Herodes (vestidos com túnicas).

Lado A: Há muitos anos aconteceu esta história: João Batista viu Jesus cercado de glória.

Lado B: Jesus foi em direção a seu primo João. O primeiro a ser batizado, o primeiro homem cristão.

Lado A: João ficou admirado, não sabia o que fazer. Ele batizar Jesus, o primeiro homem cristão?

Lado B: Jesus é o Cordeiro de Deus, que tira o pecado da gente. Amor e paz oferece aos que creem imensamente.

Lado A: Jesus é o Filho querido, o manso Cordeiro de Deus. Quer-nos bem perto de si, pois somos irmãos seus.

Lado B: Lá do céu desceu ligeira uma pomba, bem-branquinha; na cabeça de Cristo Jesus pousou ligeira e mansinha.

Lado A: João batizava com água, mas todo o mundo sabia que Jesus, o Filho de Deus, no Espírito batizaria.

Lado B: João percebeu tudo isso estando em seu lugar: enquanto Jesus batizava também ensinava a amar.

Todos: Jesus é o Filho de Deus, que veio trazer a salvação. A todos ele quer doar amor, paz e perdão!

Reflexão: Todos vamos dizer: "Quem ama Jesus Cristo é muito feliz!" (Mais alto:) "Quem ama Jesus Cristo é muito feliz!"

JESUS NOS CHAMA

2º DOMINGO DO TEMPO COMUM
(Jo 1,29-34)

Naquele tempo, ²⁹João viu Jesus aproximar-se dele e disse: "Eis o Cordeiro de Deus, que tira o pecado do mundo. ³⁰Dele é que eu disse: 'Depois de mim vem um homem que passou a minha frente, porque existia antes de mim. ³¹Também eu não o conhecia, mas se eu vim batizar com água, foi para que ele fosse manifestado a Israel' ".
³²E João deu testemunho, dizendo: "Eu vi o Espírito descer, como uma pomba do céu, e permanecer sobre ele. ³³Também eu não o conhecia, mas aquele que me enviou a batizar com água me disse: 'Aquele sobre quem vires o Espírito descer e permanecer, este é quem batiza com o Espírito Santo'. ³⁴Eu vi e dou testemunho: Este é o Filho de Deus!"

Lúcia e Luci são gêmeas; completaram nove anos de idade.

Todos gostam das meninas, que são delicadas e simpáticas, por isso no dia de seu aniversário ganharam muitos presentes dos parentes, dos amigos, dos colegas e dos professores.

Lúcia e Luci ficaram encantadas com as bonecas, os livros e os discos.

Dormiram sorrindo, porque no dia seguinte era domingo e poderiam brincar à vontade.

Acordaram cedo, rezaram, tomaram café e o sino da igreja badalou.

Eram sete e meia e a Missa das Crianças começava às oito horas.

— Vamos, Luci. Depressa! Temos de correr. Falta somente meia hora.

— Ora, Lúcia, hoje nós vamos faltar.

— Faltar? Faltar à Missa? Não ir ao encontro de Jesus?
— Só hoje, Lúcia. Quero brincar com a boneca e ler a história de Clique, o Vaga-lume.
— Querida irmãzinha, não faça isso agora, deixe para depois. Jesus nos chama! Jesus chama as criancinhas! Vamos conversar com ele, dizer-lhe que o amamos, cantar para ele e pedir-lhe desculpas por nossas falhas.
— Não conte hoje comigo, Lúcia. Jesus sabe que eu gosto muito dele, sou obediente, delicada, estudiosa, não sou mentirosa, não brigo com ninguém e ajudo meus colegas que não entendem as lições.
— Sei de tudo isso, Luci, mas agora você precisa atender ao chamado de Jesus. Eu insisto, Luci, vem comigo à Missa.
— Desista, irmãzinha. Eu quero brincar com minha boneca, quero ler o livro que tem gravuras tão lindas.
Enquanto conversavam, Lúcia trocava de roupa, calçava suas sandálias, escovava os cabelos e prendia-os com o prendedor.
— Já estou pronta, Luci. Já que não quer ir, vou sozinha.
A menina feliz, alegre, com o coraçãozinho cheio de amor, correu para a igreja, onde juntou-se ao grupo de companheiros.
Luci foi brincar com seus presentes de aniversário...

Reflexão: E agora, crianças, levante o braço quem acha que Lúcia estava certa indo ao encontro de Jesus.
Vamos dizer todos juntos: "Jesus é o maior amigo que tenho!"
Quero ir a seu encontro, Jesus!

JESUS E JOÃO

3º DOMINGO DO TEMPO COMUM
(Mt 4,12-23)

¹²Ao saber que João tinha sido preso, Jesus voltou para a Galileia. ¹³Deixou Nazaré e foi morar em Cafarnaum, que fica às margens do mar da Galileia, ¹⁴no território de Zabulon e Neftali, para se cumprir o que foi dito pelo profeta Isaías: ¹⁵"Terra de Zabulon, terra de Neftali, caminho do mar, região do outro lado do rio Jordão, Galileia dos pagãos! ¹⁶O povo que vivia nas trevas viu uma grande luz e para os que viviam na região escura da morte brilhou uma luz".

¹⁷Daí em diante Jesus começou a pregar dizendo: "Convertei-vos, porque o Reino dos Céus está próximo".

¹⁸Quando Jesus andava à beira do mar da Galileia, viu dois irmãos: Simão, chamado Pedro, e seu irmão André. Estavam lançando a rede ao mar, pois eram pescadores. ¹⁹Jesus disse a eles: "Segui-me, e eu farei de vós pescadores de homens". ²⁰Eles imediatamente deixaram as redes e o seguiram.

²¹Caminhando um pouco mais, Jesus viu outros dois irmãos: Tiago, filho de Zebedeu, e seu irmão João. Estavam na barca com seu pai Zebedeu consertando as redes. Jesus os chamou. ²²Eles imediatamente deixaram a barca e o pai, e o seguiram.

²³Jesus andava por toda a Galileia, ensinando em suas sinagogas, pregando o Evangelho do Reino e curando todo tipo de doença e enfermidade do povo.

(Jogral)

Lado A: Jesus soube que João fora preso. Que horror! E foi para a Galileia, carregando sua dor.

Lado B: Deixou Jesus sua pátria: a cidade de Nazaré. Foi morar em Cafarnaum, foi andando sempre a pé.

Lado A: Cafarnaum, cidade bonita, lá, bem pertinho do mar. Era o mar da Galileia, onde Jesus foi morar.

Lado B: Jesus sabia de tudo o que o profeta dissera. O profeta Isaías as informações já dera.

Lado A: Na terra de Zabulon, pelo caminho do mar, terra de Neftali: por todo lado andar...

Lado B: Também para outra margem, ao longo do rio Jordão, Jesus levou sua luz, seu carinho e seu perdão.

Lado A: E quem vivia nas trevas contemplou a grande luz. E a luz que brilhava era ele: o próprio Jesus.

Lado B: Daquele dia em diante Jesus iniciou seu labor: Proclamar a conversão e o mandamento do amor.

Lado A: Amar a Deus e aos irmãos, amar e também perdoar. Pois Jesus só queria a todo mundo salvar.

Todos: Agora, amigos e amigas, vamos todos colaborar: ajudar Jesus e os Apóstolos a semente do amor espalhar.

PESCA MILAGROSA

**4º DOMINGO
DO TEMPO COMUM
(Mt 5,1-12a)**

Naquele tempo [1]vendo Jesus as multidões, subiu ao monte e sentou-se.
Os discípulos aproximaram-se, [2]e Jesus começou a ensiná-los:
[3]"Bem-aventurados os pobres em espírito, porque deles é o Reino dos Céus.
[4]Bem-aventurados os aflitos, porque serão consolados.
[5]Bem-aventurados os mansos, porque possuirão a terra.
[6]Bem-aventurados os que têm fome e sede de justiça, porque serão saciados.
[7]Bem-aventurados os misericordiosos, porque alcançarão misericórdia.
[8]Bem-aventurados os puros de coração, porque verão a Deus.
[9]Bem-aventurados os que promovem a paz, porque serão chamados filhos de Deus.
[10]Bem-aventurados os que são perseguidos por causa da justiça, porque deles é o Reino dos Céus.
[11]Bem-aventurados sois vós, quando vos injuriarem e perseguirem, e mentindo, disserem todo tipo de mal contra vós, por causa de mim.
[12a]Alegrai-vos e exultai, porque será grande vossa recompensa nos céus".

(Jogral)

Lado A: Jesus certo dia falou à multidão.

Lado B: Todo o mundo o ouvia com muita atenção.

Lado A: À beira da praia, duas barcas paradas.

Lado B: Seus donos consertavam as redes estragadas.

Lado A: Jesus então subiu na barca de Simão.

Lado B: De lá falou ao povo, que ouvia com atenção.

Voz de Jesus: Vamos para longe, Simão! Lance a rede ao mar!

Voz de Pedro: Não há peixe, Senhor! Passei horas a tentar!

Voz de Jesus: Obedeça, Simão Pedro, estou a lhe ordenar!

Voz de Pedro: Sim, Senhor, obedeço, e lanço a rede ao mar!

Lado A: E pegaram tantos peixes, que as redes se rasgaram.

Lado B: Muitas pessoas vieram e todos os peixes juntaram.

Lados A e B: Simão Pedro, arrependido, ajoelhou-se e rezou. Seus olhos estavam tristes e triste Simão exclamou:

Voz de Pedro: Perdão, Senhor, perdão! Eu sou um grande pecador. Afaste-se de mim, não mereço seu amor.

Voz de Jesus: Faça sempre o que eu mandar, meu bom amigo Simão! Confie e será feliz, e nunca me diga não!

Lados A e B: Daquele dia em diante, a todos Simão conquistou. Falando do bom Jesus, a fé e o amor ele espalhou.

O MENINO QUE CONQUISTOU O GRUPO

**5º DOMINGO DO TEMPO COMUM
(Mt 5,13-16)**

Naquele tempo, disse Jesus a seus discípulos: [13]"Vós sois o sal da terra. Ora, se o sal se tornar insosso, com que salgaremos? Ele não servirá para mais nada, senão para ser jogado fora e ser pisado pelos homens.
[14]Vós sois a luz do mundo. Não pode ficar escondida uma cidade construída sobre um monte. [15]Ninguém acende uma lâmpada e a coloca debaixo de uma vasilha, mas sim num candeeiro, onde brilha para todos os que estão na casa.
[16]Assim também brilhe vossa luz diante dos homens, para que vejam vossas boas obras e louvem vosso Pai que está nos céus".

Os garotos faziam mil travessuras: subiam em árvores, comendo frutas verdes, quebravam vidros de janelas atirando bolas, faltavam à escola...

Esses meninos são tremendos! Ouvia-se dizer a todo instante.

Um dia, porém, mudou-se para o bairro um garoto de onze anos chamado Sílvio. Vivia às voltas com cartolina, cola, papéis coloridos, pregos, arame.

Sentava-se à beira da porta de sua casa e ficava horas entretido com o que fazia.

Um dos meninos levados aproximou-se e perguntou:

— O que está fazendo?

— Estou criando muitas coisas: um palhaço que mexe as pernas, os braços e os olhos; um relógio que funciona de verdade e um sapo que pula.

— É mesmo? Deixe-me ver.

Ao primeiro garoto, juntaram-se os outros. Todos se entusiasmaram com as habilidades de Sílvio, que lhes ensinou seus truques.

Logo foi a vez dos desenhos e pinturas. Sílvio tinha um arsenal de tintas, pincéis e lápis de cor.

Em pouco tempo, os meninos juntavam-se ora para construir objetos, ora para desenhar e pintar.

Um dia, Sílvio falou:

— Hoje, eu quero jogar bola. Vocês concordam?

— Nós não sabíamos que você gostava disso.

— Claro! Só que prefiro jogar futebol naquele campo lá embaixo. Lá ficaremos à vontade e não perturbaremos ninguém.

Foi uma tarde maravilhosa.

Todos se divertiram muito e não houve vidraça quebrada...

Animado, Sílvio perguntou aos amigos:

— Vocês querem ajudar-me amanhã na escola? A diretora pediu para eu fazer um mural para o início das aulas. Preciso pensar no regulamento do estudante e no horário dos estudos, dos jogos e dos campeonatos. Duas cabeças pensam melhor que uma e muitas cabeças juntas vão fazer maravilhas. Que acham?

Os meninos aceitaram e no dia seguinte, em conjunto, planejaram o primeiro mês de aulas.

— Está legal! Não vou faltar nenhum dia, disse Pedro.

— Nem eu, afirmaram todos os outros.

E foi assim que Sílvio conseguiu a grande transformação do grupo.

Reflexão: Explicar com poucas e simples palavras como Sílvio foi "sal" e "luz" para o grupo. Assim também precisa ser cada criança que se diz amiga de Cristo.

SAL E LUZ

Carlinhos, com dez anos, trabalhava num canavial das 6 horas da manhã até às 6 horas da tarde.

Cortava cana-de-açúcar como gente grande...

Só que ganhava pelo seu trabalho apenas 2 reais por semana.

Alguém perguntou:

— Por que trabalha, se ganha tão pouco?

E Carlinhos respondeu com firmeza:

— Eu trabalho para ajudar minha mãe e meus irmãos. Eu sou o filho mais velho, tenho de levar dinheiro para casa.

— Você gostaria de estudar?

— Sim, mas não posso...

E lá se foi Carlinhos fazendo zum zum com seu facão.

Passaram-se alguns dias.

A mesma pessoa tornou a vir conversar com Carlinhos. Tinha ficado impressionada com o menino que não se lastimava, mesmo ganhando tão pouco.

Carlinhos, resolvi lhe ajudar.

Vou dar a sua mãe uma cesta básica com arroz, feijão, óleo, farinha, macarrão, sal, fubá, uma lata de goiabada e...

— Senhor, como é seu nome?

— João Carlos, filho. Eu também sou Carlos.

— Senhor João Carlos, eu mereço tudo isso?

— Sim, filho, você trabalha para sua família. Você é muito importante. Além disso, não reclama e ama sua família.

— Obrigado, Senhor, vai ser ótimo ganhar a cesta. Nós, nas terras abandonadas, plantamos repolho, cenoura, salsa, tomate e mandioca.

— Quem planta essas coisas?

— Eu, Senhor — disse com modéstia o menino —, mas minha mãe e meus irmãozinhos me ajudam.

— Carlinhos, você é uma pessoa muito especial.

O garoto agora já está na escolinha e aprendendo a ler. Leva uma hora, andando, para chegar à escola, mas aprende tudo o que a professora ensina.

O Senhor João Carlos continua até hoje ajudando Carlinhos. Ele merece!

Reflexão: Carlinhos é um exemplo para todos nós. Ele é o sal da terra e a luz do mundo.

SIM! NÃO!

6º DOMINGO DO TEMPO COMUM
(Mt 5,17-37)

Naquele tempo, disse Jesus a seus discípulos: [17]"Não penseis que vim abolir a Lei e os Profetas. Não vim para abolir, mas para dar-lhes pleno cumprimento. [18]Em verdade, eu vos digo: 'antes que o céu e a terra deixem de existir, nem uma só letra ou vírgula serão tiradas da Lei, sem que tudo se cumpra'.

[19]Portanto, quem desobedecer a um só destes mandamentos, por menor que seja, e ensinar os outros a fazerem o mesmo, será considerado o menor no Reino dos Céus. Porém, quem os praticar e ensinar será considerado grande no Reino dos Céus. [20]Porque eu vos digo: 'Se vossa justiça não for maior que a justiça dos mestres da Lei e dos fariseus, vós não entrareis no Reino dos Céus'.

[21]Vós ouvistes o que foi dito aos antigos: 'Não matarás! Quem matar será condenado pelo tribunal'. [22]Eu, porém, vos digo: 'todo aquele que se encoleriza com seu irmão será réu em juízo; quem disser ao seu irmão: patife! será condenado pelo tribunal; quem chamar o irmão de tolo será condenado ao fogo do inferno'.

[23]Portanto, quando tu estiveres levando tua oferta para o altar, e aí te lembrares que teu irmão tem alguma coisa contra ti, [24]deixa tua oferta aí diante do altar, e vai primeiro reconciliar-te com teu irmão. Só então vai apresentar tua oferta.

[25]Procura reconciliar-te com teu adversário, enquanto caminha contigo para o tribunal. Senão o adversário te entregará ao juiz, o

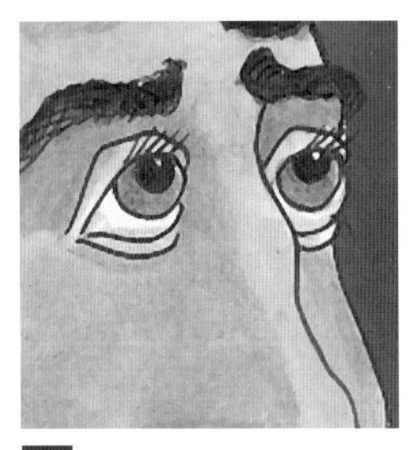

Dizem que um menino, chamado Fernando, gostava muito de dizer: "Juro por Deus!"

— Quem quebrou meu vaso? — perguntou sua mãe pela primeira vez.

— Eu não fui, respondeu Fernando. Juro por Deus!

Certo dia, o menino jogava bola, no quintal, e de repente... craft... a bola errou juiz te entregará ao oficial de justiça, e tu serás jogado na prisão. ²⁶Em verdade eu te digo: daí não sairás, enquanto não pagares o último centavo.

²⁷Ouvistes o que foi dito: 'Não cometerás adultério'. ²⁸Eu, porém, vos digo: 'Todo aquele que olhar para uma mulher, com o desejo de possuí-la, já cometeu adultério com ela em seu coração.

²⁹Se teu olho direito é para ti ocasião de pecado, arranca-o e joga-o para longe de ti! De fato, é melhor perder um de teus membros, do que todo o teu corpo ser jogado no inferno. ³⁰Se tua mão direita é para ti ocasião de pecado, corta-a e joga-a para longe de ti! De fato, é melhor perder um dos teus membros, do que todo o teu corpo ir para o inferno.

³¹Foi dito também: 'Quem se divorciar de sua mulher, dê-lhe uma certidão de divórcio'. ³²Eu, porém, vos digo: 'Todo aquele que se divorcia de sua mulher, a não ser por motivo de união irregular, faz com que ela se torne adúltera; e quem se casa com a mulher divorciada comete adultério'.

³³Vós ouvistes também o que foi dito aos antigos: 'Não jurarás falso', mas 'cumprirás teus juramentos feitos ao Senhor'. ³⁴Eu, porém, vos digo: 'Não jures de modo algum: nem pelo céu, porque é o trono de Deus; ³⁵nem pela terra, porque é o suporte onde apoia seus pés; nem por Jerusalém, porque é a cidade do Grande Rei. ³⁶Não jures tampouco pela tua cabeça, porque tu não podes tornar branco ou preto um só fio de cabelo. ³⁷Seja vosso sim: Sim, e vosso não: Não. Tudo o que for além disso vem do Maligno".

o caminho e quebrou o vidro da janela de sua casa.

A mãe zangada gritou:

— Fernando, veja o que você fez!

— Não fui eu, mãe, juro por Deus!

Ao chegar em casa, à noite, Seu Jorge soube do que havia acontecido.

Imediatamente chamou:

— Fernando!

O menino veio logo falar com o pai.

— Pronto, pai. Estou aqui.

Seu Jorge levou o filho para o quarto.

— Precisamos conversar, Fernando.
E o pai, carinhosamente, falou ao filho:
— Você quebrou o vaso de sua mãe.
— Não fui eu, pai, juro por Deus!
— Você quebrou a vidraça da janela da sala, Fernando!
— Não fui eu, pai, juro por Deus!
Seu Jorge olhou firme nos olhos de Fernando.
— Meu filho, você está errando duas vezes: a primeira, jurando por Deus, e a segunda, mentindo. Todos sabemos que foi você quem fez esses estragos. Deus não quer que juremos por seu Santo nome em vão e Deus também não aceita mentiras.
— Pai, Ele está triste comigo?
— Sim, Fernando. No entanto, Deus se alegrará, se você não mentir novamente, nem jurar por seu Santo nome.
Fernando chorou. Suas lágrimas limparam seu coraçãozinho e ele nunca mais mentiu e nunca mais jurou por Deus.

Reflexão: Há uma porção de pessoas por aí jurando por Deus a toda hora e por qualquer motivo. Trata-se de pessoas sem caráter; sabem que os outros não acreditam nelas e, então, invocam o testemunho de Deus. Pessoas mentirosas e desrespeitosas de Deus...

O GARRAFEIRO

**7º DOMINGO
DO TEMPO COMUM
(Mt 5,38-48)**

Naquele tempo, disse Jesus a seus discípulos: 38"Vós ouvistes o que foi dito: 'Olho por olho e dente por dente!' 39Eu, porém, vos digo: 'Não enfrentes quem é malvado! Pelo contrário, se alguém te dá um tapa na face direita, oferece-lhe também a esquerda!'
40Se alguém quiser abrir um processo para tomar tua túnica, dá-lhe também o manto! 41Se alguém te forçar a andar um quilômetro, caminha dois com ele!
42Dá a quem te pedir e não vires as costas a quem te pede emprestado'.
43Vós ouvistes o que foi dito: 'Amarás teu próximo e odiarás teu inimigo!' 44Eu, porém, vos digo: 'Amai vossos inimigos e rezai por aqueles que vos perseguem! 45Assim, vos tornareis filhos do vosso Pai que está nos céus, porque ele faz nascer o sol sobre maus e bons, e faz cair a chuva sobre justos e injustos.
46Porque, se amais somente aqueles que vos amam, que recompensa tereis? Os cobradores de impostos não fazem a mesma coisa? 47E se saudais somente vossos irmãos, o que fazeis de extraordinário? Os pagãos não fazem a mesma coisa? 48Portanto, sede perfeitos como vosso Pai celeste é perfeito".

Puxando seu carrinho de mão, onde colocava as garrafas usadas, o Senhor Tobias gritava pelas ruas.

— Garrafeiro! Garrafeiro!

De repente começou a ventar; o vento levantou a poeira do chão e encheu o nariz do Senhor Tobias de pó. O velho garrafeiro sentiu que ia espirrar e preparou-se:

— Atchim!

Foi um espirro violentíssimo, ao qual seguiram-se outros mais fortes ainda:

— A-a-atchim! A-a-a-atchim! A-a-a-a-a-atchim!

O Senhor Tobias abriu os olhos cheios de água e viu horrorizado que seu espirro fizera um enorme estrago.

— Seu espirro escandaloso encrespou e arrepiou meu cabelo — disse Juquinha, em altas vozes. Eu quero meu cabelo liso de volta.

— Minhas trancinhas se desmancharam. Eu quero minhas trancinhas! — Chorou Maria Rosa.

— Meu bigode, que ganhei há pouco tempo, saiu do lugar e grudou na testa.

— Que horror! — Gritou o velho Antônio.

Até o papagaio foi atingido:

— Currupaco, pa-pa-co-paco! Alguém arrancou minhas penas.

O garrafeiro que não desejava mal a ninguém ficou nervosíssimo. E agora? Ele precisava com urgência consertar o mal que fizera aos outros.

Preciso dar outro espirro. Maior que o primeiro — dizia aflito o senhor Tobias e pôs-se a cheirar com força: cheirava o ar, as flores, o mato, mas... nada! Foi então que se lembrou da pimenta que tinha comprado na feira. Ela estava no bolso da blusa. Apanhou a pimenta com os dois dedos, cheirou-a com força e:

— A-a-a-a-a-atchim!

Com esse espirro escandalo-síssimo tudo voltou aos lugares: o cabelo liso do Juquinha, as trancinhas de Maria Rosa, o bigode do velho Antônio e as penas do papagaio.

O garrafeiro Tobias agora tranquilo, sabendo que tinha consertado o que estragara, continuou seu caminho gritando:

— Garrafeiro! Olha o garrafeiro!

(Inspirada numa estória de minha infância)

Reflexão: Quantas vezes incomodamos os outros com nossos "espirros", quero dizer, com nossas travessuras... Quantas vezes ofendemos os outros... Precisamos pedir desculpas e também consertar os estragos feitos...

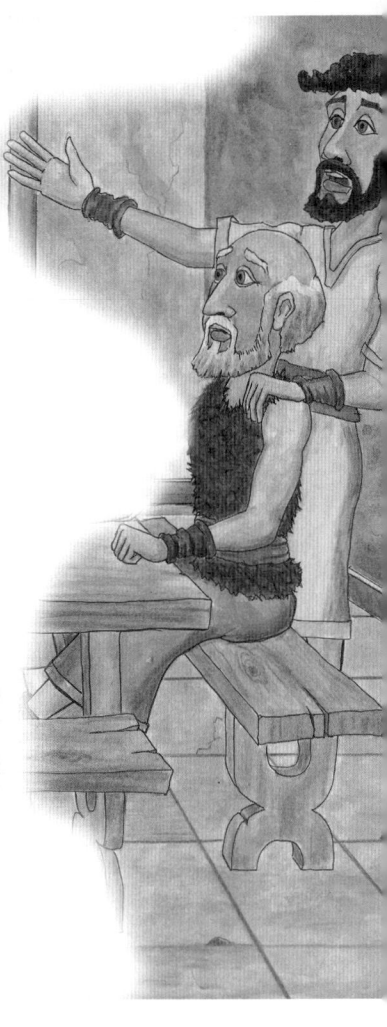

O COELHO E A COBRA

1º DOMINGO DA QUARESMA
(Mt 4,1-11)

Naquele tempo, ¹o Espírito conduziu Jesus ao deserto, para ser tentado pelo diabo. ²Jesus jejuou durante quarenta dias e quarenta noites, e, depois disso, teve fome. ³Então, o tentador aproximou-se e disse a Jesus: "Se és Filho de Deus, manda que estas pedras se transformem em pães!" ⁴Mas Jesus respondeu: "Está escrito: 'Não só de pão vive o homem, mas de toda a palavra que sai da boca de Deus'".
⁵Então o diabo levou Jesus à Cidade Santa, colocou-o sobre a parte mais alta do Templo, ⁶e lhe disse: "Se és Filho de Deus, lança-te daqui abaixo! Porque está escrito: 'Deus dará ordens a seus anjos a teu respeito, e eles te levarão nas mãos, para que não tropeces em alguma pedra'". ⁷Jesus lhe respondeu: "Também está escrito: 'Não tentarás o Senhor teu Deus!'"
⁸Novamente, o diabo levou Jesus para um monte muito alto. Mostrou-lhe todos os reinos do mundo e sua glória, ⁹e lhe disse: "Eu te darei tudo isso, se te ajoelhares diante de mim, para me adorar". ¹⁰Jesus lhe disse: "Vai-te embora, Satanás, porque está escrito: 'Adorarás ao Senhor teu Deus e somente a ele prestarás culto'".
¹¹Então o diabo o deixou. E os anjos se aproximaram e serviram a Jesus.

(A um sinal, todos dirão: Leal; a um segundo sinal, todos dirão: Tentadora).

Mestre Coelho disse a seu filho Leal:

— Você precisa ir, meu filho! Há muitos coelhinhos branquinhos, pretinhos, malhadinhos e de cor cinza que precisam de sua ajuda porque estão vivendo em desunião. Para isso, você precisará vencer uma prova difícil: atravessar as plantações de cenoura, de repolho e de alface, sem parar para comer durante muitos dias, mesmo que você esteja com muita fome.

— Sim, pai, farei o que o senhor está dizendo.

E lá se foi o Coelho Leal pulando...

Pulou, pulou e pulou até que chegou à plantação de cenouras. Foi aí que surgiu a sua frente a Cobra Tentadora.

— Você está cansado e com fome. Pare,

descanse e coma as cenouras. Veja como são grandes, lindas e apetitosas.

— Vá embora, Cobra Tentadora! Eu preciso cumprir minha missão.

A Cobra Tentadora, vendo que tinha fracassado, fugiu arrastando-se pela estrada. E lá se foi o Coelho Leal, pulando sem parar. Atravessou toda a plantação de cenouras e avistou ao longe os repolhos. Leal continuou a pular, agora com muito sacrifício porque sentia muita fome e sede. Quando já estava entre os grandes repolhos, novamente a Cobra Tentadora surgiu falando:

— Você não precisa passar fome nem sede. Coma ao menos uma folhinha e beba água do riacho que corre ali embaixo.

— Vá embora, Cobra Tentadora. Meu bom pai, o Mestre Coelho, disse que eu precisava passar por uma prova para poder ajudar a todos os coelhinhos. Saia da minha frente.

Não é preciso dizer que a Cobra Tentadora fugiu com muita raiva.

Leal continuou a pular. Cada vez aumentava mais a fome e a sede.

Ao longe avistou as alfaces deliciosas e pulando aproximou-se delas. Novamente a Cobra Tentadora surgiu.

— Coma as alfaces! São fresquinhas! Você assim ficará mais forte e com mais poder. Além disso, eu lhe darei tudo o que quiser para o resto da vida: comida farta, água sempre fresquinha e um lugar tranquilo no meio de grandes árvores para você descansar.

— Vá embora de uma vez! Saia de minha frente! — respondeu com energia o Coelhinho Leal.

E a Cobra espumando de raiva desapareceu.

O Coelhinho Leal, com muito esforço e muito sacrifício, conseguiu vencer a prova e chegar junto aos coelhinhos que dele precisavam.

O Mestre Coelho sorriu feliz:

— Parabéns, meu filho! Ninguém poderá vencer sua força, sua coragem e sua obediência!

Reflexão: Aparecem muitas tentações em nossa vida para nos tirar do bom caminho. Precisamos resistir a elas, como fez Jesus, nosso Amigo e Senhor.

OS TRÊS DESEMPREGADOS

2º DOMINGO DA QUARESMA
(Mt 17,1-9)

Naquele tempo: ¹Jesus tomou consigo Pedro, Tiago e João, seu irmão, e os levou a um lugar a parte, sobre uma alta montanha.
²E foi transfigurado diante deles; seu rosto brilhou como o sol e suas roupas ficaram brancas como a luz.
³Nisso apareceram-lhes Moisés e Elias, conversando com Jesus.
⁴Então Pedro tomou a palavra e disse: "Senhor, é bom ficarmos aqui. Se queres, vou fazer aqui três tendas: uma para ti, outra para Moisés, e outra para Elias".
⁵Pedro ainda estava falando, quando uma nuvem luminosa os cobriu com sua sombra. E da nuvem uma voz dizia: "Este é meu Filho amado, no qual eu pus todo o meu agrado. Escutai-o!"
⁶Quando ouviram isto, os discípulos ficaram muito assustados e caíram com o rosto em terra.
⁷Jesus se aproximou, tocou neles e disse: "Levantai-vos, e não tenhais medo". ⁸Os discípulos ergueram os olhos e não viram mais ninguém, a não ser somente Jesus.
⁹Quando desciam da montanha, Jesus ordenou-lhes: "Não conteis a ninguém esta visão até que o Filho do Homem tenha ressuscitado dos mortos".

Três amigos, Marcos, Jorge e Carlos, estavam desempregados e, por causa disso, desesperados. Os rapazes tinham feito faculdades de Direito, Economia e Informática. Por não terem experiência, porém, não eram admitidos por ninguém. Os pais, que não eram ricos, davam-lhes pequenas mesadas. Os três queriam paz, alegria e amor.

Um dia, estavam juntos, quando foram atraídos por uma linda canção sobre a família, de autoria do Padre Zezinho.

A canção vinha da igreja, onde o Padre Jacinto era vigário. A canção conquistou os três rapazes: Marcos, Jorge e Carlos, num abrir e fechar de olhos. Pe. Jacinto convidou os jovens, que estavam na igreja pela primeira vez, a acompanhá-lo a um jardim maravilhoso. Marcos, Jorge e Carlos aceitaram o convite e, no fim de semana, estavam prontos, na hora marcada.

Andando devagar na moto da Paróquia, levaram duas horas para chegar ao Paraíso da Serra — Hotel-Fazenda Javari. Indescritível! Havia um lago imenso de águas cristalinas, tão puras e transparentes, que deixavam ver a todos os peixes que lá viviam, nadando alegre.

Árvores seculares espalhavam energia aos que as abraçavam e ofereciam seus galhos para a moradia de inúmeros passarinhos que cantavam.

Havia flores de mil cores e perfumes, que atraiam abelhinhas, borboletas e beija-flores. Os três rapazes ficaram encantados e puseram-se de joelhos a rezar, juntamente com Pe. Jacinto. Sentiam a presença de Deus e todos juntos, ou um de cada vez, improvisaram poemas de fé, de amor, de alegria, de esperança e de paz. Pe. Jacinto cantava, acompanhando-se ao violão. Seu rosto, suas mãos, suas roupas irradiavam luz e pareciam transparentes!

— Pe. Jacinto, podemos ficar aqui para sempre? Nesse lugar sentimos amor e paz!

— Não, meus jovens, Deus não quer de nós somente a oração, ele quer também ação! Ele vai atender nossos pedidos de emprego porque estamos pedindo com fé.

Depois de um dia de encantamento, os quatro voltaram cheios de esperança à igreja, onde Pe. Jacinto era vigário. E o milagre aconteceu! Na mesma semana, os três jovens estavam empregados.

Reflexão: Deus quer nossa oração. Ele quer também que nos aproximemos de nossos irmãos para consolá-los, dar-lhes alegria e amor. Marcos, Jorge e Carlos sentiram muita paz junto ao Pe. Jacinto. Será que as pessoas sentem essa paz? Será que o exemplo do Pe. Jacinto poderá ajudar-nos a mudar o meio onde vivemos?

VENCER NA VIDA

Roberto, um rapaz de dezenove anos, trabalhava numa metalúrgica. Trabalhou muito, e conseguiu subir de posição, chegando a ser gerente da firma, com um bom ordenado. Mas os donos da metalúrgica, em vez de elogiá-lo, demitiram o pobre Roberto, que ficou sem saber o que fazer. No lugar do rapaz, colocaram três principiantes para receberem salário mínimo.

Roberto ficou revoltado: não queria passear, andar na praia, conversar com os amigos. Tinha dentro de si muita raiva! O rapaz parecia outra pessoa: desleixado, barba por fazer.

Um dia encontrou-se com Dona Alaíde, amiga de sua mãe, que lhe abriu os olhos. Não adianta ter raiva, muita raiva! A raiva não conduz ninguém a nada... Aconselhou-o a ter seu próprio negócio: uma pequena metalúrgica.

— Nisto você é um um "craque"!

Roberto aceitou o conselho de Dona Alaíde. Começou a fazer pequenas peças primorosas, caprichadas, que logo foram vendidas. Depois passou a fabricar grandes peças, necessárias para muitas pessoas. A pequena metalúrgica já saíra do quintal e fora para uma pequena sala e, tempos depois, para uma casa.

Agora, sim, Roberto estava muito feliz! Ganhava muitas vezes mais do que na primeira metalúrgica onde trabalhara. Agora ele não era "cego": passou a ver como ele era importante. Depois disso, namorou, casou, teve dois filhos. Roberto estava cada vez mais feliz!

Quando chegou a hora das crianças irem para a escola, Roberto escolheu uma escola profissionalizante. Lá, os meninos estudaram, e também adquiriram conhecimentos novos sobre metalurgia, que passaram para o pai que melhorou sua pequena indústria. Roberto, muito trabalhador e muito correto, cada vez mais ganhava novos fregueses e, com eles, novas encomendas. A todos, atendia com capricho e com pontualidade.

Passou a ser conhecido em sua cidade e em muitas outras. O senhor Roberto, como era agora chamado, já possuía uma casa para morar, com a família, além da metalúrgica "Faz Tudo".

Aquele "cego" de antes tornara-se um ótimo administrador de empresa.

Reflexão: Assim como Jesus curou o cego, Dona Alaíde curou Roberto. Roberto, como o cego de Jesus, foram enviados para irem ao encontro de irmãos, ajudando e levando a missão de Jesus. Roberto, através de sua vida, ajuda-nos a "ver" o que é possível fazer para melhorar nossas vidas.

ÁGUA NO DESERTO

3º DOMINGO DA QUARESMA
(Jo 4,5-42)

Naquele tempo: ⁵Jesus chegou a uma cidade da Samaria, chamada Sicar, perto do terreno que Jacó tinha dado a seu filho José. ⁶Era aí que ficava o poço de Jacó. Cansado da viagem, Jesus sentou-se junto ao poço. Era por volta do meio-dia.

⁷Chegou uma mulher da Samaria para tirar água. Jesus lhe disse: "Dá-me de beber".

⁸Os discípulos tinham ido à cidade para comprar alimentos.

⁹A mulher samaritana disse então a Jesus: "Como é que tu, sendo judeu, pedes de beber a mim, que sou uma mulher samaritana?" De fato, os judeus não se dão com os samaritanos.

¹⁰Respondeu-lhe Jesus: "Se tu conhecesses o dom de Deus e quem é que te pede: 'Dá-me de beber', tu mesma lhe pedirias a ele, e ele te daria água viva".

¹¹A mulher disse a Jesus: "Senhor, nem sequer tens balde e o poço é fundo. De onde vais tirar a água viva? ¹²Por acaso, és maior que nosso pai Jacó, que nos deu o poço e que dele bebeu, como também seus filhos e seus animais?"

¹³Respondeu Jesus: "Todo aquele que bebe desta água terá sede de novo. ¹⁴Mas quem beber da água que eu lhe darei, esse nunca mais terá sede. E a água que eu lhe der se tornará nele uma fonte de água que jorra para a vida eterna".

¹⁵A mulher disse a Jesus: "Senhor, dá-me dessa água, para que eu não tenha mais sede e nem tenha de vir aqui para tirá-la".

¹⁶Disse-lhe Jesus: "Vai chamar teu marido e volta aqui". ¹⁷A mulher respondeu: "Eu não tenho marido". Jesus disse: "Disseste bem, que não tens marido, ¹⁸pois tiveste cinco maridos, e o que tens agora não é o teu marido. Nisso falaste a verdade".

¹⁹A mulher disse a Jesus: "Senhor, vejo que és um profeta! ²⁰Nossos pais adoraram neste monte, mas vós dizeis que em Jerusalém é que se deve adorar".

²¹Disse-lhe Jesus: "Acredita-me, mulher: está chegando a hora em que nem neste monte, nem em Jerusalém adorareis o Pai. ²²Vós adorais o que não conheceis. Nós adoramos o que conhecemos, pois a salvação vem dos judeus. ²³Mas está chegando a hora, e é agora, em que os verdadeiros adoradores adorarão

o Pai em espírito e verdade. De fato, estes são os adoradores que o Pai procura. ²⁴Deus é espírito, e aqueles que o adoram devem adorá-lo em espírito e verdade".

²⁵A mulher disse a Jesus: "Sei que o Messias (que se chama Cristo) vai chegar. Quando ele vier, vai nos fazer conhecer todas as coisas". ²⁶Disse-lhe Jesus: "Sou eu, que estou falando contigo".

²⁷Nesse momento, chegaram os discípulos e ficaram admirados de ver Jesus falando com a mulher. Mas ninguém perguntou: "Que desejas?" ou: "Por que falas com ela?"

²⁸Então a mulher deixou seu cântaro e foi à cidade, dizendo ao povo: ²⁹"Vinde ver um homem que me disse tudo o que eu fiz. Será que ele não é o Cristo?" ³⁰O povo saiu da cidade e foi ao encontro de Jesus.

³¹Enquanto isso, os discípulos insistiam com Jesus, dizendo: "Mestre, come". ³²Jesus, porém, disse-lhes: "Eu tenho um alimento para comer que vós não conheceis".

³³Os discípulos comentavam entre si: "Será que alguém trouxe alguma coisa para ele comer?"

³⁴Disse-lhes Jesus: "Meu alimento é fazer a vontade daquele que me enviou e realizar sua obra. ³⁵Não dizeis vós: 'Ainda quatro meses, e aí vem a colheita!' Pois eu vos digo: Levantai os olhos e vede os campos: eles estão dourados para a colheita! ³⁶O ceifeiro já está recebendo o salário, e recolhe fruto para a vida eterna. Assim, o que semeia se alegra junto com o que colhe. ³⁷Pois é verdade o provérbio que diz: 'Um é o que semeia e outro o que colhe'. ³⁸Eu vos enviei para colher aquilo que não trabalhastes. Outros trabalharam e vós entrastes no trabalho deles".

³⁹Muitos samaritanos daquela cidade abraçaram a fé em Jesus, por causa da palavra da mulher que testemunhava: "Ele me disse tudo o que eu fiz". ⁴⁰Por isso, os samaritanos vieram ao encontro de Jesus e pediram que permanecesse com eles. Jesus permaneceu aí dois dias.

⁴¹E muitos outros creram por causa da sua palavra. ⁴²E disseram à mulher: "Já não cremos por causa das tuas palavras, pois nós mesmos ouvimos e sabemos que este é verdadeiramente o salvador do mundo".

Vocês conhecem o cacto, planta que consegue viver no deserto, suportando um calor imenso? Alguns cactos têm o tamanho de uma casa e outros são pequenos como um dedal. No Nordeste do Brasil o cacto é importantíssimo porque consegue guardar água, tão necessária aos animais e às pessoas. Por que o cacto tem sempre água quando em sua volta tudo é seco e quente? É uma história bonita que eu vou contar para vocês.

Há muitos e muitos anos o cacto não tinha água dentro de si: era igual às outras plantas... Um dia aproximou-se dele um passarinho.

— Você pode ajudar-me, cacto?

— Eu? Que posso fazer por você que encanta a todos com sua linda voz afinada e que pode voar para onde quiser?

— É que estou com muita sede e por aqui não há água.

— Ah! Vou tentar puxar do fundo da terra o que você pede.

O bondoso cacto, que tinha uma enorme raiz capaz de retirar água das camadas mais profundas da terra, espichou-se o mais que pôde. Na primeira tentativa nada conseguiu...

Não desanimou, porém, e esticou muitas vezes mais ainda sua raiz, até que conseguiu o que queria.

— Venha, passarinho. Aqui está a água que pediu. Fure com seu bico minha raiz que está perto de você.

O cacto, fazendo um grande esforço, ofereceu ao amigo o que ele pedira.

O passarinho sabiá conseguiu matar a sede e agradecendo cantou uma linda melodia.

O cacto foi recompensado por ser bom e generoso: desde esse dia consegue conservar dentro de si água fresca, embora o calor a seu redor seja terrível. Seu caule verde desempenha a mesma função que as folhas de outras plantas e o cacto não morre de sede.

Além disso, o cacto representa um importante papel nos lugares onde há seca: sua água continua a alimentar os animais que dele se aproximam porque sabem de sua bondade e de seu amor por todos.

Essa bondade e esse amor nos lembram o amor de Deus e a "água viva" que nos leva à vida eterna.

> **Reflexão:** Sejamos bons e generosos como os cactos.
> Sempre temos alguma coisa que podemos dar para algumas pessoas necessitadas.

O MÉDICO E A MENINA

4º DOMINGO DA QUARESMA
(Jo 9,1-41)

Naquele tempo: ¹Ao passar, Jesus viu um homem cego de nascença. ²Os discípulos perguntaram a Jesus: "Mestre, quem pecou para que nascesse cego: ele ou os seus pais?"

³Jesus respondeu: "Nem ele nem seus pais pecaram, mas isso serve para que as obras de Deus se manifestem nele. ⁴É necessário que nós realizemos as obras daquele que me enviou, enquanto é dia. Vem a noite, em que ninguém pode trabalhar. ⁵Enquanto estou no mundo, eu sou a luz do mundo".

⁶Dito isto, Jesus cuspiu no chão, fez lama com a saliva e colocou-a sobre os olhos do cego. ⁷E disse-lhe: "Vai lavar-te na piscina de Siloé" (que quer dizer: Enviado). O cego foi, lavou-se e voltou enxergando.

⁸Os vizinhos e os que costumavam ver o cego — pois ele era mendigo — diziam: "Não é aquele que ficava pedindo esmola?"

⁹Uns diziam: "Sim, é ele!" Outros afirmavam: "Não é ele, mas alguém parecido com ele". Ele, porém, dizia: "Sou eu mesmo!"

¹⁰Então lhe perguntaram: "Como é que se abriram teus olhos?" ¹¹Ele respondeu: "Aquele homem chamado Jesus fez lama, colocou-a nos meus olhos e disse-me: 'Vai a Siloé e lava-te'. Então fui, lavei-me e comecei a ver". ¹²Perguntaram-lhe: "Onde está ele?" Respondeu: "Não sei".

¹³Levaram então aos fariseus o homem que tinha sido cego. ¹⁴Ora, era sábado, o dia em que Jesus tinha feito lama e aberto os olhos do cego. ¹⁵Novamente, então, lhe perguntaram os fariseus como tinha recuperado a vista. Respondeu-lhes: "Colocou lama sobre meus olhos, fui lavar-me e agora vejo!"

¹⁶Disseram, então, alguns dos fariseus: "Esse homem não vem de Deus, pois não guarda o sábado". Mas outros diziam: "Como pode um pecador fazer tais sinais?" ¹⁷E havia divergência entre eles. Perguntaram outra vez ao cego: "E tu, que dizes daquele que te abriu os olhos?" Respondeu: "É um profeta".

¹⁸Então, os judeus não acreditaram que ele tinha sido cego e que tinha recuperado a vista. Chamaram os pais dele ¹⁹e perguntaram-lhes: "Este é vosso filho, que dizeis ter nascido cego? Como é que ele agora está enxergando?"²⁰ Seus pais disseram: "Sabemos que este é

nosso filho e que nasceu cego. ²¹Como agora está enxergando, isso não sabemos. E quem lhe abriu os olhos também não sabemos. Interrogai-o, ele é maior de idade, ele pode falar por si mesmo".

²²Seus pais disseram isso porque tinham medo das autoridades judaicas. De fato, os judeus já tinham combinado expulsar da comunidade quem declarasse que Jesus era o Messias. ²³Foi por isso que seus pais disseram: "É maior de idade. Interrogai-o a ele".

²⁴Então, os judeus chamaram de novo o homem que havia sido cego. Disseram-lhe: "Dá glória a Deus! Nós sabemos que esse homem é um pecador". ²⁵Então ele respondeu: "Se ele é pecador, não sei. Só sei que eu era cego e agora vejo". ²⁶Perguntaram-lhe então: "Que é que ele te fez? Como te abriu os olhos?" ²⁷Respondeu ele: "Eu já vos disse, e não escutastes. Por que quereis ouvir de novo? Por acaso quereis tornar-vos discípulos dele?"

²⁸Então insultaram-no, dizendo: "Tu, sim, és discípulo dele! Nós somos discípulos de Moisés. ²⁹Nós sabemos que Deus falou a Moisés, mas esse não sabemos de onde é". ³⁰Respondeu-lhes o homem: "Espantoso! Vós não sabeis de onde ele é? No entanto, ele abriu-me os olhos! ³¹Sabemos que Deus não escuta os pecadores, mas escuta aquele que é piedoso e que faz sua vontade. ³²Jamais se ouviu dizer que alguém tenha aberto os olhos a um cego de nascença. ³³Se este homem não viesse de Deus, não poderia fazer nada". ³⁴Os fariseus disseram-lhe: "Tu nasceste todo em pecado e estás nos ensinando?" E expulsaram-no da comunidade.

³⁵Jesus soube que o tinham expulsado. Encontrando-o, perguntou-lhe: "Acreditas no Filho do Homem?" ³⁶Respondeu ele: "Quem é, Senhor, para que eu creia nele?" ³⁷Jesus disse: "Tu o estás vendo; é aquele que está falando contigo". Exclamou ele: ³⁸"Eu creio, Senhor!" E prostrou-se diante de Jesus. ³⁹Então, Jesus disse: "Eu vim a este mundo para exercer um julgamento, a fim de que os que não veem, vejam, e os que veem se tornem cegos".

⁴⁰Alguns fariseus, que estavam com ele, ouviram isto e lhe disseram: "Porventura, também nós somos cegos?" ⁴¹Respondeu-lhes Jesus: "Se fôsseis cegos, não teríeis culpa; mas como dizeis: 'Nós vemos', vosso pecado permanece".

Sílvio era um excelente médico. Certa vez, alguém lhe disse:
— É uma menina que precisa do senhor. Está toda queimada!
Já eram sete horas da noite e teria de andar muito para chegar à casa da doentinha. Além disso, teria de atravessar um matagal. Nada, porém, o impedia de fazer o bem.
E lá se foi o bom Sílvio... Andou, andou, andou..., mais de uma hora para chegar a seu destino. Era um casebre muito humilde, que nem chão possuía. Era de terra mesmo. Havia uma mesa, um fogão, cadeiras e uma cama de casal onde estava deitada a menina toda queimada, gritando de dor.
— Ai! Ai! Ai! Como dói!
A chaleira com água fervendo havia virado em cima dela. Na casa, não havia remédio nenhum.
— Vocês têm dinheiro — perguntou triste, muito triste, o médico.
— Não, doutor. Nada!
Sílvio abriu sua carteira, separou algumas notas que dariam para melhorar a dor da menina.
— Volte à farmácia, filho, e mande fazer esta pasta que aliviará sua irmãzinha.
Sílvio disfarçou e foi para o lado de fora, enxugar algumas lágrimas que caíram de seus olhos porque não podia fazer parar o sofrimento da pequerrucha. Sentou-se à espera do remédio e pediu à mãe que arrancasse uma folha de bananeira. Quando o garoto chegou, Sílvio, com muito carinho, passou a pasta nas queimaduras, cobriu-a com pedaços da folha de bananeira.
O alívio foi imediato. Uma hora depois a garota já dormia. A mãe e o irmão ajoelharam-se e beijaram as mãos do jovem médico. Nesse dia, Sílvio chegou muito tarde em casa, pois morava bem longe. Estava muito cansado e teve de repetir o que se passara para a esposa.
No dia seguinte, Sílvio foi para Marechal Hermes, onde morava a menina, e viu que não mais gritava.
Recebeu-o com carinho e disse:
— Obrigada, doutor Sílvio!

Reflexão: Assim como Jesus curou o cego, eu o envio para anunciá-lo; somos convidados também para irmos ao encontro dos irmãos ajudando e levando a mensagem de Jesus. Isso Sílvio nos ensinou, com sua vida, que é possível fazer.

RESSURREIÇÃO DE LÁZARO

5º DOMINGO DA QUARESMA
(Jo 11,1-45)

Naquele tempo: ¹Havia um doente, Lázaro, que era de Betânia, o povoado de Maria e de Marta, sua irmã.
²Maria era aquela que ungira o Senhor com perfume e enxugara os pés dele com seus cabelos. O irmão dela, Lázaro, é que estava doente.
³As irmãs mandaram então dizer a Jesus: "Senhor, aquele que amas está doente". ⁴Ouvindo isto, Jesus disse: "Esta doença não leva à morte; ela serve para a glória de Deus, para que o Filho de Deus seja glorificado por ela".
⁵Jesus era muito amigo de Marta, de sua irmã Maria e de Lázaro. ⁶Quando ouviu que este estava doente, Jesus ficou ainda dois dias no lugar onde se encontrava. ⁷Então, disse aos discípulos: "Vamos de novo à Judeia".
⁸Os discípulos disseram-lhe: "Mestre, ainda há pouco os judeus queriam apedrejar-te, e agora vais outra vez para lá?" ⁹Jesus respondeu: "O dia não tem doze horas? Se alguém caminha de dia, não tropeça, porque vê a luz deste mundo. ¹⁰Mas se alguém caminha de noite, tropeça, porque lhe falta a luz".
¹¹Depois acrescentou: "Nosso amigo Lázaro dorme. Mas eu vou acordá-lo". ¹²Os discípulos disseram: "Senhor, se ele dorme, vai ficar bom". ¹³Jesus falava da morte de Lázaro, mas os discípulos pensaram que falasse do sono mesmo. ¹⁴Então Jesus disse abertamente: "Lázaro está morto. ¹⁵Mas por causa de vós, alegro-me por não ter estado lá, para que creiais. Mas vamos para junto dele".
¹⁶Então Tomé, cujo nome significa Gêmeo, disse aos companheiros: "Vamos nós também para morrermos com ele".
¹⁷Quando Jesus chegou, encontrou Lázaro sepultado havia quatro dias. ¹⁸Betânia ficava a uns três quilômetros de Jerusalém. ¹⁹Muitos judeus tinham vindo à casa de Marta e Maria para as consolar por causa do irmão.
²⁰Quando Marta soube que Jesus tinha chegado, foi ao encontro dele. Maria ficou sentada em casa. ²¹Então Marta disse a Jesus: "Senhor, se tivesses estado aqui, meu irmão não teria morrido. ²²Mas mesmo assim, eu sei que o que pedires a Deus, ele to concederá".
²³Respondeu-lhe Jesus: "Teu irmão ressuscitará". ²⁴Disse Marta: "Eu sei que ele ressuscitará na ressurreição, no último dia".

²⁵Então Jesus disse: "Eu sou a ressurreição e a vida. Quem crê em mim, mesmo que morra, viverá. ²⁶E todo aquele que vive e crê em mim, não morrerá jamais. Crês isto?" ²⁷Respondeu ela: "Sim, Senhor, eu creio firmemente que tu és o Messias, o Filho de Deus, que devia vir ao mundo".

²⁸Depois de ter dito isto, ela foi chamar sua irmã, Maria, dizendo baixinho: "O Mestre está aí e te chama".

²⁹Quando Maria ouviu isso, levantou-se depressa e foi ao encontro de Jesus. ³⁰Jesus estava ainda fora do povoado, no mesmo lugar onde Marta se tinha encontrado com ele. ³¹Os judeus que estavam em casa consolando-a, quando a viram levantar-se depressa e sair, foram atrás dela, pensando que fosse ao túmulo para ali chorar.

³²Indo para o lugar onde estava Jesus, quando o viu, caiu de joelhos diante dele e disse-lhe: "Senhor, se tivesses estado aqui, meu irmão não teria morrido". ³³Quando Jesus a viu chorar, e também os que estavam com ela, estremeceu interiormente, ficou profundamente comovido, ³⁴perguntou: "Onde o colocastes?" Responderam: "Vem ver, Senhor". ³⁵E Jesus chorou.

³⁶Então os judeus disseram: "Vede como ele o amava!" ³⁷Alguns deles, porém, diziam: "Este, que abriu os olhos ao cego, não podia também ter feito com que Lázaro não morresse?"

³⁸De novo Jesus ficou interiormente comovido. Chegou ao túmulo. Era uma caverna, fechada com uma pedra. ³⁹Disse Jesus: "Tirai a pedra!" Marta, a irmã do morto, interveio: "Senhor, já cheira mal. Está morto há quatro dias". ⁴⁰Jesus lhe respondeu: "Não te disse que, se creres, verás a glória de Deus?"

⁴¹Tiraram então a pedra. Jesus levantou os olhos para o alto e disse: "Pai, eu te dou graças porque me ouviste. ⁴²Eu sei que sempre me escutas. Mas digo isto por causa do povo que me rodeia, para que creia que tu me enviaste". ⁴³Tendo dito isso, exclamou com voz forte: "Lázaro, vem para fora!" ⁴⁴O morto saiu, atado de mãos e pés com os lençóis mortuários e o rosto coberto com um pano. Então Jesus lhes disse: "Desatai-o e deixai-o caminhar!"

⁴⁵Então, muitos dos judeus que tinham ido à casa de Maria e viram o que Jesus fizera, creram nele.

(Jogral)

Grupo A: Lázaro, vocês sabem,
irmão de Marta e Maria,
ficou muito doente e
morreu por isso um dia.

Grupo B: Jesus soube do fato e
Lázaro ressuscitou.
Jesus deu-lhe nova vida
de pé ele ficou.

Grupo A: Jesus agradeceu ao Pai,
o bom Deus tão generoso,
porque lhe dera as forças
e o fez tão poderoso.

Grupo B: A multidão viu e ouviu
e em Jesus acreditou.
Só Jesus faria aquilo,
Lázaro ressuscitou.

Grupo A: Com o milagre de Lázaro,
Jesus quis preparar quem
nele acreditasse
pra também ressuscitar.

Grupo B: Jesus é irmão, é amigo;
Jesus é bom e forte.
Ele tem grande poder,
ele pode mais que a morte.

Reflexão: E todos acreditamos que um dia nós também vamos viver novamente na glória de Deus. Amém!

A SURPRESA DE SULA

Sula não era feliz. Vivia reclamando da vida.

— Queria ser um passarinho, uma abelha, um louva-a-deus ou uma libélula. Alguém, enfim, que pudesse voar para conhecer lugares novos. Que bom poder voar entre as flores, as árvores, nos campos ou na praia. Mas o que posso fazer? Estou presa aqui no galho da amendoeira, andando devagarinho, vendo todos os dias as mesmas coisas...

Quem pensava assim era Sula, a lagarta. Sonhava diariamente com uma nova vida, cheia de beleza, de encanto e de paz.

Certo dia, surgiu a sua frente uma linda fada de grandes asas coloridas, a Fada Brilhante.

— Sula, você quer mesmo voar?
— Sim, linda fada, é meu maior sonho.
— Então você voará.
— Que maravilha. É verdade mesmo?
— Sim, você não confia em mim?
— Sem dúvida. Eu confio em você.

— Para voar, Sula, você que terá de passar por uma prova. Aceita?
— Claro! Eu quero ter uma vida nova, cheia de luz!
— Pois então você vai tecer um fio bem bonito, bem resistente, bem fino: fio de seda! Depois enrolar-se nele, bem enrolado e esperar até o grande momento. Combinado?
— Sim. Eu farei.
A lagartinha fez tudo o que a fada ordenou: agora ela sabia, um bicho-da-seda! Bem enroladinha no fio de seda, Sula aguarda as novidades. Os dias passam... e nada! Sula sentia o coraçãozinho bater fraquinho. Como era horrível ficar ali presa no escuro, sem se mexer, sem ninguém, quase sem respirar.
Os dias continuaram lentamente: uma semana, duas, três, quatro e cinco! O sacrifício de Sula era enorme, mas ela acreditava na Fada Brilhante. E ela realmente apareceu.
— Estou aqui Sula. Chegou o momento que você tanto esperava.
Sula mexeu-se para um lado e para outro! Fazendo um grande esforço. Sula rompeu o casulo e foi saindo devagarinho. Que maravilha! Que lindo! Sula havia ganho asas grandes, transparentes, cheias de cor. Batendo as asas primeiro bem devagar, depois mais ligeiro, Sula voou alegremente para a vida que sonhara.
Sula tinha se transformado numa linda borboleta...

Reflexão: Sula se transformou imitando Jesus que se transfigurou. Queremos também nos transformar em pessoas maravilhosas, cheias de fé, de amor e de perdão.

ORAÇÃO DA CRIANÇA A JESUS

DOMINGO DE RAMOS
(Mt 21,1-11)

Naquele tempo: ¹Jesus e seus discípulos aproximaram-se de Jerusalém e chegaram a Betfagé, no monte das Oliveiras. Então Jesus enviou dois discípulos, ²dizendo-lhes: "Ide até o povoado que está ali na frente, e logo encontrareis uma jumenta amarrada, e com ela um jumentinho. Desamarrai-a e trazei-os a mim! ³Se alguém vos disser alguma coisa, direis: 'O Senhor precisa deles, mas logo os devolverá'".

³Isso aconteceu para se cumprir o que foi dito pelo profeta: ⁵"Dizei à filha de Sião: Eis que teu rei vem a ti, manso e montado num jumento, num jumentinho, num potro de jumenta".

⁶Então os discípulos foram e fizeram como Jesus lhes havia mandado. ⁷Trouxeram a jumenta e o jumentinho e puseram sobre eles suas vestes, e Jesus montou.

⁸A numerosa multidão estendeu suas vestes pelo caminho, enquanto outros cortavam ramos das árvores, e os espalhavam pelo caminho.

⁹As multidões, que iam na frente de Jesus, e os que o seguiam gritavam: "Hosana ao Filho de Davi! Bendito o que vem em nome do Senhor! Hosana no mais alto dos céus!"

¹⁰Quando Jesus entrou em Jerusalém a cidade inteira se agitou, e diziam: "Quem é este homem?" ¹¹E as multidões respondiam: "Este é o profeta Jesus, de Nazaré da Galileia".

(As crianças fazem ruídos, onomatopeias e gestos, acompanhando a oração da criança.)

Jesus querido!
Você está vivo! Sempre vivo em meu coração!
Eu o amo, Jesus!
Você não morrerá nunca. Você é eterno.
Além de morar em todos os corações, mora também

no vento que sopra;
na chuva que cai;
no sol que nos manda luz e calor;
nas estrelas que cintilam;
nas flores que desabrocham;
nas árvores que embalam suas folhas;
na relva verde que cobre o chão;
nas montanhas que alcançam o céu;
nas abelhinhas que zumbem;
nas borboletas que voam;
nos vaga-lumes que piscam;
nos passarinhos que cantam;
nas crianças que brincam;
nos adultos que trabalham;
nos jovens que estudam.
Jesus mora em todos nós.
Nos brancos, pretos e amarelos;
nos mendigos com fome;

Enfim:
Jesus estará sempre vivo em todos nós!
Glória a Jesus! Jesus meu Rei e Salvador!

LAVA-PÉS

QUINTA-FEIRA SANTA
(Jo 13,1-15)

¹Era antes da festa da Páscoa. Jesus sabia que tinha chegado sua hora de passar deste mundo para o Pai; tendo amado os seus que estavam no mundo, amou-os até o fim.
²Estavam tomando a ceia. O diabo já tinha posto no coração de Judas, filho de Simão Iscariotes, o propósito de entregar Jesus.
³Jesus, sabendo que o Pai tinha colocado tudo em suas mãos e que de Deus tinha saído e para Deus voltava, ⁴levantou-se da mesa, tirou o manto, pegou uma toalha e amarrou-a na cintura. ⁵Derramou água numa bacia e começou a lavar os pés dos discípulos, enxugando-os com a toalha com que estava cingido.
⁶Chegou a vez de Simão Pedro. Pedro disse: "Senhor, tu me lavas os pés?" ⁷Respondeu Jesus: "Agora, não entendes o que estou fazendo; mais tarde compreenderás".
⁸Disse-lhe Pedro: "Tu nunca me lavarás os pés!" Mas Jesus respondeu: "Se eu não te lavar, não terás parte comigo". ⁹Simão Pedro disse: "Senhor, então lava não somente os meus pés, mas também as mãos e a cabeça".
¹⁰Jesus respondeu: "Quem já se banhou não precisa lavar senão os pés, porque já está todo limpo. Também vós estais limpos, mas não todos".
¹¹Jesus sabia quem o ia entregar; por isso disse: "Nem todos estais limpos".
¹²Depois de ter lavado os pés dos discípulos, Jesus vestiu o manto e sentou-se de novo. E disse aos discípulos: "Compreendeis o que acabo de fazer? ¹³Vós me chamais Mestre e Senhor, e dizeis bem, pois eu o sou. ¹⁴Portanto, se eu, o Senhor e Mestre, vos lavei os pés, também vós deveis lavar os pés uns dos outros. ¹⁵Dei-vos o exemplo, para que façais a mesma coisa que eu fiz".

(Dramatização)

(O celebrante, ajudado por uma criança, lava os pés das primeiras seis crianças. Ao chegar na sétima, que representa São Pedro, ele para, ao ouvir dela estas palavras:)

Pedro: Senhor, tu lavas-me os pés?
Jesus: O que eu faço tu não sabes agora, mas depois irás saber.
Pedro: Não, nunca me lavarás os pés!
Jesus: Se eu não te lavar os pés, não serás meu amigo!
Pedro: Senhor, não só meus pés, mas também as mãos e a cabeça!

(Depois do lava-pés, haverá uma breve homilia do celebrante.)

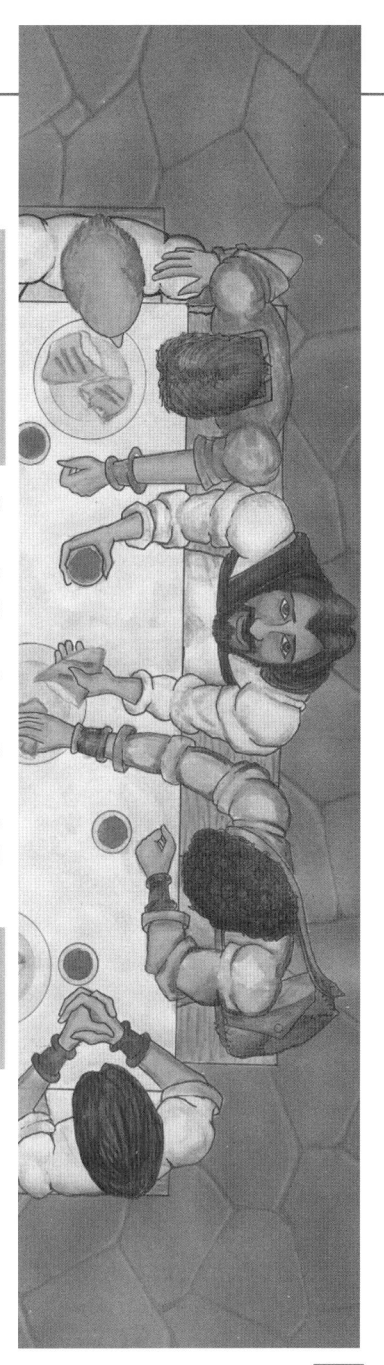

PÁSCOA

PÁSCOA E RESSURREIÇÃO DO SENHOR
(Jo 20,1-9)

¹No primeiro dia da semana, Maria Madalena foi ao túmulo de Jesus, bem de madrugada, quando ainda estava escuro, e viu que a pedra tinha sido retirada do túmulo.
²Então ela saiu correndo e foi encontrar Simão Pedro e o outro discípulo, aquele que Jesus amava, e lhes disse: "Tiraram o Senhor do túmulo, e não sabemos onde o colocaram".
³Saíram, então, Pedro e o outro discípulo e foram ao túmulo. ⁴Os dois corriam juntos, mas o outro discípulo correu mais depressa que Pedro e chegou primeiro ao túmulo. ⁵Olhando para dentro, viu as faixas de linho no chão, mas não entrou.
⁶Chegou também Simão Pedro, que vinha correndo atrás, e entrou no túmulo. Viu as faixas de linho deitadas no chão ⁷e o pano que tinha estado sobre a cabeça de Jesus, não posto com as faixas, mas enrolado num lugar à parte.
⁸Então entrou também o outro discípulo, que tinha chegado primeiro ao túmulo. Ele viu, e acreditou. ⁹De fato, eles ainda não tinham compreendido a Escritura, segundo a qual ele devia ressuscitar dos mortos.

(Jogral)

(Uma criança faz a voz; 12 crianças dirão estrofes, uma de cada vez; três cartazes serão apresentados com os dizeres: Páscoa, Ressurreição, Passagem, Feliz Páscoa, Presentes, Círio Pascal, Carneirinhos, Ovos, Coelho, Sinos, Girassol, Vinho e Pão).

Voz: Por que tantos ovos, tantos lindos coelhinhos? Tantos cartões e presentes que alegram os menininhos?

1ª criança: É que a Páscoa (alguém mostra o cartaz) já chegou. A festa maior do cristão. O cristão revive com fé a Ressurreição de Jesus (cartaz).

2ª criança: A Páscoa é acima de tudo a celebração da passagem (cartaz). Passagem para a vida nova, que é a mais linda viagem.

Voz: Por que se diz Feliz Páscoa? (cartaz) Qual é seu significado?

3ª criança: São os votos de boa viagem com o Cristo ressuscitado.

Voz: E os presentes que se dão? (cartaz) São tão importantes assim?

4ª criança: Eles dizem da alegria de dar com amor sem fim.

Voz: O que é Círio Pascal? (cartaz) Tem ligação com Jesus?

5ª criança: É a vela! E quer dizer: Cristo é vivo! Cristo é luz!

Voz: E o carneirinho branco? (cartaz) O que pode significar?

6ª criança: É o Cristo que por nós quis se sacrificar.

Voz: E o ovo? O que é? (cartaz)

7ª criança: Parece que está sem vida, mas dentro do ovo existe vida nova tão bonita.

8ª criança: Ele é símbolo também do Cristo que morreu, mas depois ressuscitou e para sempre viveu.

Voz: E o coelho tão popular?

9ª criança: Pensando no coelho (cartaz) e na Igreja, eu me lembro: o coelho com os filhinhos, a Igreja com seus membros.

Voz: Conhecem também outros símbolos que lembram a Páscoa tão linda?

10ª criança: Os sinos que tocam e tocam (cartaz) numa alegria infinita!

11ª criança: O girassol gira e gira (cartaz) em torno do sol, Astro-Rei. Nós não teríamos vida sem Jesus, nosso Rei!

12ª criança: O pão e também o vinho (cartaz) lembram a ressurreição. Jesus se dá por amor na hora da comunhão.

> (Todos cantam uma música de Páscoa, fazendo gestos e dançando.)

> Reflexão: A Páscoa é a mais linda festa que prepara o mundo irmão. A ressurreição de Cristo é nossa ressurreição.

A ALEGRIA DE CRER

2º DOMINGO DA PÁSCOA
(Jo 20,19-31)

[19] Ao anoitecer daquele dia, o primeiro da semana, estando fechadas, por medo dos judeus, as portas do lugar onde os discípulos se encontravam, Jesus entrou e pondo-se no meio deles, disse: "A paz esteja convosco".
[20] Depois dessas palavras, mostrou-lhes as mãos e o lado. Então os discípulos se alegraram por verem o Senhor.
[21] Novamente, Jesus disse: "A paz esteja convosco. Como o Pai me enviou, também eu vos envio".
[22] E depois de ter dito isto, soprou sobre eles e disse: "Recebei o Espírito Santo. [23] A quem perdoardes os pecados eles lhes serão perdoados; a quem os não perdoardes, eles lhes serão retidos".
[24] Tomé, chamado Dídimo, que era um dos doze, não estava com eles quando Jesus veio. [25] Os outros discípulos contaram-lhe depois: "Vimos o Senhor!" Mas Tomé disse-lhes: "Se eu não vir a marca dos pregos em suas mãos, se eu não puser o dedo nas marcas dos pregos e não puser a mão no seu lado, não acreditarei".
[26] Oito dias depois, encontravam-se os discípulos novamente reunidos em casa, e Tomé estava com eles. Estando fechadas as portas, Jesus entrou, pôs-se no meio deles e disse: "A paz esteja convosco".
[27] Depois disse a Tomé: "Põe o teu dedo aqui e olha as minhas mãos. Estende a tua mão e coloca-a no meu lado. E não sejas incrédulo, mas fiel". [28] Tomé respondeu: "Meu Senhor e meu Deus!" [29] Jesus lhe disse: "Acreditaste porque me viste? Bem-aventurados os que crerem sem terem visto!"
[30] Jesus realizou muitos outros sinais diante dos discípulos, que não estão escritos neste livro. [31] Mas esses foram escritos para que acrediteis que Jesus é o Cristo, o Filho de Deus, e para que, crendo, tenhais a vida em seu nome.

Naquele Reino havia beleza, mas pouca paz. Era a Terra das Borboletas: amarelas, verdes, cor-de-rosa, pretas, cinzentas, vermelhas, listradas e de bolinhas.

— Eu sou a mais linda desta Terra — dizia sempre a cor-de-rosa.

— Mas eu sou a mais brilhante — falava a vermelha.
— Vejam como sou original — dizia a listrada.
As borboletas lindas eram convencidas e implicantes, até que um dia surgiu entre elas a maravilhosa Borboleta Azul Turquesa, que com sua bondade e sabedoria ensinou-as a viverem em paz, mostrando-lhes que todas eram importantes e belas.

As borboletas passaram a voar juntas, segundo a maravilhosa Borboleta Azul Turquesa, em grandes cirandas coloridas de amor e de união.

Um dia, porém, a maravilhosa Borboleta Azul Turquesa desapareceu.
— Por onde andará nossa Chefe?
Todas choravam gotinhas de saudade...
Dias depois estavam ainda tristes e abatidas quando surgiu no meio delas a maravilhosa Borboleta Azul Turquesa.
— A paz esteja com vocês!
As borboletas em fila vieram abraçá-la com carinho.
Naquele momento a Borboleta Vermelha não estava presente, tinha ido visitar a Margarida Amarela.
Quando voltou, soube da aparição da maravilhosa Borboleta Azul Turquesa.
— Não acredito nisto! Só acreditarei se eu mesma puder vê-la.
Oito dias depois as lindas borboletas estavam todas no jardim quando surgiu a maravilhosa Borboleta Azul Turquesa.
— A paz esteja com vocês!
Depois chamou a Borboleta Vermelha para bem pertinho.
— Você agora acredita que eu voltei?
— Sim! Sim! Sim!
— Você acredita porque está me vendo, Borboleta Vermelha. Você seria muito mais feliz se acreditasse sem ver.
— Sim! Você tem razão! De agora em diante vou ter mais fé.
E assim a Borboleta Vermelha foi muito mais feliz!

Reflexão: A Borboleta Vermelha não acreditou que a Borboleta Azul Turquesa aparecesse para ela.
Só acredito vendo. Ela repetiu as palavras de Tomé.
E nós, só acreditamos no que vemos?

A GARÇA DO PARAÍSO

Perto da Lagoa Grande vivia um bando de garças.

Eram lindas com suas plumagens deslumbrantes, brancas como a neve.

Destacava-se entre elas a Garça do Paraíso, que sabia mudar o colorido de suas penas: ora apresentava-se branca, ora tingia-se de azul, ora surgia amarela como banhada pela luz do sol, ora vermelha, cor de sangue.

A Garça do Paraíso, além de linda, era a mais sábia entre todas e ensinava-as a fazer os ninhos de gravetos no alto das árvores, para ficarem mais protegidos. Aconselhava os pais-garça a se revezarem com as mães, na produção dos ovos; mostrava a todos como alimentar os filhotes, cruzando os bicos com os bicos das garças adultas, cheias de alimentos.

Não era só isso!

Ela comandava o grupo nos belos voos em formação de "V" ou em linhas tortuosas.

Certa vez, quando voavam distraídas, um tiro certeiro de um caçador atingiu a Garça do Paraíso. Ela não caiu na lagoa, ao contrário, voou mais alto e sumiu entre as nuvens...

As garças, sem sua líder, ficaram sem saber o que fazer, estavam desorientadas. Choravam e cavoucavam o chão com os pés, chamando a linda chefe.

E ela surgiu por encanto, vinda não se sabe de onde: era ela sim, mudando sua plumagem branca para amarelo e vermelho.

Não se perturbem. Façam tudo como ensinei. Serão felizes. Dizendo isto, desapareceu novamente.

Zoé, a garça menor, não viu a chefe voltar. Estava longe, procurando comida perto do rebanho dos bois. Como não viu, não acreditou.

— Qual o quê! Não era ela! nossa chefe morreu.

Enquanto as garças voltavam a sua vida de sempre, voando e apanhando alimento, Zoé punha-se triste num canto sem nada fazer.

— Não fique assim, Zoé. Voe com nossas irmãs.

Zoé abriu os olhos e viu a Garça do Paraíso de plumagem lindíssima.

— Ah! É você mesma! Agora eu acredito que você voltou.

— Zoé! Zoé! Não faça mais isso. Feliz é quem acredita sem ver... Você perdeu horas maravilhosas de voo ao lado das outras porque estava triste a chorar.

A garça menor, arrependida, ergueu voo e foi juntar-se às companheiras.

Reflexão: Tomé, como a garça Zoé, não quis acreditar que Jesus tinha ressuscitado. Nós também não temos a alegria de ver Jesus com nossos olhos, mesmo assim, devemos acreditar nele. É como Jesus disse: "Felizes os que acreditam sem ver".

O QUE É A FÉ

3º DOMINGO DA PÁSCOA
(Lc 24,13-35)

¹³Naquele mesmo dia, o primeiro da semana, dois dos discípulos de Jesus iam para um povoado, chamado Emaús, distante onze quilômetros de Jerusalém.
¹⁴Conversavam sobre todas as coisas que tinham acontecido. ¹⁵Enquanto conversavam e discutiam, o próprio Jesus se aproximou e começou a caminhar com eles. ¹⁶Os discípulos, porém, estavam como que cegos, e não o reconheceram.
¹⁷Então Jesus perguntou: "O que ides conversando pelo caminho?" Eles pararam, com o rosto triste, ¹⁸e um deles, chamado Cléofas, lhe disse: "Tu és o único peregrino em Jerusalém que não sabe o que lá aconteceu nestes últimos dias?"
¹⁹Ele perguntou: "O que foi?" Os discípulos responderam: "O que aconteceu com Jesus, o Nazareno, que foi um profeta poderoso em obras e palavras, diante de Deus e diante de todo o povo. ²⁰Nossos sumos sacerdotes e nossos chefes o entregaram para ser condenado à morte e o crucificaram. ²¹Nós esperávamos que ele fosse libertar Israel, mas, apesar de tudo isso, já faz três dias que todas essas coisas aconteceram! ²²É verdade que algumas mulheres do nosso grupo nos deram um susto. Elas foram de madrugada ao túmulo ²³e não encontraram o corpo dele.
Então voltaram, dizendo que tinham visto anjos e que estes afirmaram que

(Preparar três cartazes: representando o olho, a cabeça e o coração.)

Quando abrimos os olhos, vemos o sol a brilhar no céu. Sua luz é tão forte que pode nos cegar, e de repente fechamos os olhos com pressa. Isso se chama Ver! Nossos olhos funcionam para isso. (1º cartaz)

Na escola, a professora nos ensina que o Sol é uma estrela de 5ª grandeza. Isso quer dizer que ele tem luz própria, mas que existem outras estrelas mais brilhantes que o Sol e que estão mais longe de nós. Isso se chama Saber! (2º cartaz)

Jesus está vivo. ²⁴Alguns dos nossos foram ao túmulo e encontraram as coisas como as mulheres tinham dito. A ele, porém, ninguém o viu".

²⁵Então Jesus lhes disse: "Como sois sem inteligência e lentos para crer em tudo o que os profetas falaram! ²⁶Será que o Cristo não devia sofrer tudo isso para entrar em sua glória?"

²⁷E, começando por Moisés e passando pelos Profetas, explicava aos discípulos todas as passagens da Escritura que falavam a respeito dele.

²⁸Quando chegaram perto do povoado para onde iam, Jesus fez de conta que ia mais adiante. ²⁹Eles, porém, insistiram com Jesus, dizendo: "Fica conosco, pois já é tarde e a noite vem chegando!" Jesus entrou para ficar com eles.

³⁰Quando se sentou à mesa com eles, tomou o pão, abençoou-o, partiu-o e lhes distribuía. ³¹Nisso os olhos dos discípulos se abriram e eles reconheceram Jesus. Jesus, porém, desapareceu da frente deles.

³²Então um disse ao outro: "Não estava ardendo nosso coração, quando ele nos falava pelo caminho e nos explicava as Escrituras?"

³³Naquela mesma hora, eles se levantaram e voltaram para Jerusalém onde encontraram os Onze reunidos com os outros. ³⁴E estes confirmaram: "Realmente, o Senhor ressuscitou e apareceu a Simão!"

³⁵Então os dois contaram o que tinha acontecido no caminho, e como tinham reconhecido Jesus ao partir o pão.

Nossa inteligência ajuda-nos a guardar os ensinamentos aprendidos.

Quando, porém, nosso coração leva-nos a acreditar no amor da mamãe, do papai, dos amigos, dos parentes e principalmente de Deus, isso se chama Crer! (3º cartaz)

Saber é mais importante que Ver, mas Crer é mais importante ainda que Saber.

Quando nós dizemos: "Eu creio em Deus", damos provas de confiança, amizade e amor.

Acreditamos porque temos fé. A fé é um ato de amor: a fé nos dá a certeza de que Deus nos ama, que é bondoso e que diz sempre a verdade.

A fé é prova de amor. A fé e o amor não se separam.

Vamos dizer todos juntos:

"Eu tenho fé!
Eu acredito em Deus!
Deus é meu Pai do céu que me ama.
Deus quer que eu seja feliz.
Eu não vejo Deus,
mas creio que Deus
está sempre a me proteger.
Obrigado, meu Deus, por sua proteção,
sua bondade e seu amor.
Eu sou feliz porque tenho fé!"

UMA HISTÓRIA VERDADEIRA

4º DOMINGO DA PÁSCOA
(Jo 10,1-10)

Naquele tempo, disse Jesus: ¹"Em verdade, em verdade vos digo, quem não entra no redil das ovelhas pela porta, mas sobe por outro lugar, é ladrão e assaltante. ²Quem entra pela porta é o pastor das ovelhas. ³A esse o porteiro abre, e as ovelhas escutam sua voz; ele chama as ovelhas pelo nome e as conduz para fora. ⁴E, depois de fazer sair todas as que são suas, caminha a sua frente, e as ovelhas o seguem, porque conhecem a sua voz. ⁵Mas não seguem um estranho, antes fogem dele, porque não conhecem a voz dos estranhos".

⁶Jesus contou-lhes essa parábola, mas eles não entenderam o que ele queria dizer. ⁷Então Jesus continuou: "Em verdade, em verdade vos digo, eu sou a porta das ovelhas. ⁸Todos aqueles que vieram antes de mim são ladrões e assaltantes, mas as ovelhas não os escutaram. ⁹Eu sou a porta. Quem entrar por mim, será salvo; entrará e sairá e encontrará pastagem. ¹⁰O ladrão só vem para roubar, matar e destruir. Eu vim para que tenham vida e a tenham em abundância.

Antonieta era uma jovem mãezinha: seu primeiro filho era adotado e se chamava Henrique, com seis anos de idade; a filhinha menor era Cléa, com três anos. Antonieta esperava ganhar em breve um bebezinho.

— Mamãe, vamos à praia? — Pediu Henrique.

O dia estava lindo! O sol brilhava e fazia bastante calor. Realmente era próprio para um bom mergulho...

Antonieta preparou um lanche e logo os quatro (contando com o que ia nascer) estavam no carro, indo em direção à praia. Com muito jeito, a jovem mamãe armou a barraca de praia. Cléa pôs-se a brincar com a areia para fazer um monte bem alto.

— Mãe, vou apanhar um pouco d'água em meu balde — disse Henrique.

— Sim, filhinho, não demore.

Henrique correu para o mar, mas olhando para o alto viu uma pipa colorida que fazia desenhos no céu.

— Que linda! — Pensou o menino. Distraído, sem pegar a água que tanto queria, o garoto pôs-se a correr, seguindo a pipa.

Antonieta sentiu a falta do filho: por que tanta demora? Olhou para a frente procurando-o no meio dos banhistas e... nada! Tinha certeza que o filho não entrara no mar: ele sempre fazia isso juntamente com ela. Preocupadíssima, Antonieta pediu ajuda a uma senhora, entregando-lhe Cléa. Nervosa, a jovem senhora começou a procurar o filho.

— Henrique! Henrique, onde você está?

Andou na areia quente em todos os sentidos, sem se lembrar que estava descalça. A preocupação com o filho era maior que a dor da queimadura nos pés.

— Henrique! Henrique!

O rosto de Antonieta estava banhado de lágrimas. Cansada de tanto procurar o filho, ia parar, mas não o fez e continuou a procurar o filho entre os banhistas.

— Henrique! Henrique!

Depois de uma hora de procura, Antonieta viu um grupo estranho de meninos maiores de treze ou quatorze anos, no final da praia, perto de grandes pedras. Seu coração bateu mais apressado e ela com esforço correu ao encontro do bando.

E o que viu?

Henrique no meio deles, chorando sem cessar.

— Mamãe! Mamãe!

Antonieta correu para o filhinho, abraçou-o fortemente, enxugou suas lágrimas e feliz colocou-o no colo voltando para apanhar Cléa e ir para casa.

E a jovem mãezinha com os pés em brasa, com queimaduras graves, só se lembrou de si mesma quando viu os filhos tranquilos dormindo em suas camas.

Reflexão: A mãe de Henrique foi a boa pastora que guardou uma ovelhinha, Cléa, e saiu gritando por outra ovelha perdida, Henrique.

Louvado seja Deus, que nos deu uma mamãe, boa pastora!

AMOR DE MÃE

Dona Glória morava com seus filhos num pequeno barraco de madeira.

Aninha, de seis meses, Joel e Vera, de cinco e sete anos, eram a alegria de sua mãe.

Todos os dias a senhora descia o morro para trabalhar como cozinheira na casa de Dona Marieta.

Antes de sair, já deixava café coado, bem ralo, arroz pronto e três ovos que eram sempre preparados por Vera, na hora do almoço.

Uma noite, quando Dona Glória subia o morro, viu a filhinha de sete anos dando a mão para Joel, de cinco, correndo desesperadamente.

— Mamãe! Mamãe! O barraco está queimando.

— E Aninha? — perguntou Dona Glória aflita.

— Está lá dentro, mãe! Não pude salvá-la.

Dona Glória desesperada correu em direção ao barraco e sem hesitar atravessou as chamas que ardiam e tudo destruíam...

Segundos depois voltava com roupa e pele queimadas, mas trazendo Aninha em seus braços.

— Consegui! Salvei-a!

Depois de colocar a criança em braços de amigos, Dona Glória desmaiou.

A ambulância veio buscá-la e a senhora ficou internada no hospital com queimaduras graves.

Todas as vezes que lhe perguntavam se estava doendo muito, Dona Glória respondia:

— Doeria muito mais se tivesse perdido minha filhinha.

Três meses depois, Dona Glória voltou ao morro. Na pele, inúmeras cicatrizes, mas nos olhos brilho de alegria.

Feliz, pôde voltar a viver com os filhos em novo barraco, construído pelos moradores do morro, em mutirão.

> Reflexão: Jesus, o Bom Pastor, é como a mãe da estória, que arrisca sua vida por amor a seus filhos. As mães são verdadeiras heroínas, dia a dia dedicando-se a seus filhos. Vamos agradecer a Deus todos os dias a mãe que temos.

EU SOU O CAMINHO

5º DOMINGO DA PÁSCOA
(Jo 14,1-12)

Naquele tempo, disse Jesus a seus discípulos: ¹"Não se perturbe vosso coração. Tendes fé em Deus, tende fé em mim também. ²Na casa de meu Pai há muitas moradas. Se assim não fosse, eu vos teria dito. Vou preparar um lugar para vós ³e, quando eu tiver ido preparar-vos um lugar, voltarei e vos levarei comigo, a fim de que onde eu estiver estejais também vós. ⁴E, para onde eu vou, vós conheceis o caminho".

⁵Tomé disse a Jesus: "Senhor, nós não sabemos para onde vais. Como podemos conhecer o caminho?" ⁶Jesus respondeu: "Eu sou o Caminho, a Verdade e a Vida. Ninguém vai ao Pai senão por mim. ⁷Se vós me conhecêsseis, conheceríeis também meu Pai. E desde agora o conheceis e o vistes".

⁸Disse Filipe: "Senhor, mostra-nos o Pai, isso nos basta!" ⁹Jesus respondeu: "Há tanto tempo estou convosco, e não me conheces, Filipe? Quem me viu, viu o Pai. Como é que tu dizes: 'Mostra-nos o Pai'? ¹⁰Não acreditas que eu estou no Pai e o Pai está em mim? As palavras que eu vos digo, não as digo por mim mesmo, mas é o Pai, que, permanecendo em mim, realiza suas obras. ¹¹Acreditai-me: eu estou no Pai e o Pai está em mim. Acreditai, ao menos, por causa dessas mesmas obras. ¹²Em verdade, em verdade vos digo, quem acredita em mim fará as obras que eu faço, e fará ainda maiores do que estas. Pois eu vou para o Pai".

A Terra das Borboletas era linda, mas muito triste. As Borboletas viviam separadas pelas cores: vermelhas de um lado, azuis do outro, brancas acolá, listradas em outro canto, amarelas bem longe...

Estavam sempre desunidas!

Um dia, desceu do alto a Borboleta Dourada, lindíssima. Ela pousou na Terra das Borboletas, no canteiro vermelho.

— Você é muito bonita — disse a Borboleta Vermelha.

— Você é maravilhosa, embora seja dourada — falou a segunda borboleta.

— Por que pousou no canteiro vermelho? — perguntou a terceira borboleta.

A bela Borboleta Dourada abriu suas asas, que pareciam de ouro e respondeu:

— Nós somos borboletas irmãs. A cor não importa. Vocês

83

não voam com borboletas de outras cores?
— Não! Não! Não!
Ouvindo aquele "não", a Borboleta Dourada levantou voo e pousou no canteiro das Borboletas Azuis.
— Você é de ouro?
— Você é rainha?
— Veio de muito longe?
A Borboleta Dourada voou novamente e, lá do alto, falou:
— Nós somos irmãs. Somos Bor-bo-le-tas, embora tenhamos cores diversas.
— É mesmo? Eu sou igual às borboletas vermelhas, brancas, negras, listradas, verdes?...
A Borboleta Dourada respondeu:
— É claro! Somos borboletas, todas irmãs: asas, corpinhos, antenas, patinhas...
Falando assim, a Borboleta Dourada voou pousando em todos os canteiros, onde aconteceu o mesmo que acontecera nos canteiros azul e vermelho.
Todas acharam-na encantadora, mas ficaram admiradas por ela misturar-se com as demais borboletas.
Depois de falar com todas elas, a Borboleta Dourada perguntou:
— Vocês querem ser felizes?
— Queremos!
Então a Borboleta Dourada levou-as para um jardim imenso, coberto de flores de vários matizes, tamanhos e feitios.
— Vejam como as flores são felizes, unidas no amor, embora com cores diferentes. Se fizerem a mesma coisa igualmente serão felizes.
Que lindo! As borboletas se misturaram, tiveram filhinhos de outras cores. A bem amarelinha casou-se com a azul e a filhinha nasceu verde!
Batendo as asinhas, as borboletas cantaram:
"A Borboleta Dourada,
dentre todas a de mais bela cor,
é nosso caminho,
caminho de paz e de amor".

Reflexão: A Borboleta Dourada pregou a União e o Amor. Esse mundo é o da Felicidade.

TADEU FALA DO AMOR

6º DOMINGO DA PÁSCOA
(Jo 14,15-21)

Naquele tempo, disse Jesus a seus discípulos: [15]"Se me amais, guardareis meus mandamentos, [16]e eu rogarei ao Pai, e ele vos dará um outro Defensor, para que permaneça sempre convosco: [17]o Espírito da Verdade, que o mundo não é capaz de receber, porque não o vê nem o conhece. Vós o conheceis, porque ele permanece junto de vós e estará dentro de vós.

[18]Não vos deixarei órfãos. Eu virei a vós. [19]Pouco tempo ainda, e o mundo não mais me verá, mas vós me vereis, porque eu vivo e vós vivereis. [20]Naquele dia sabereis que eu estou no meu Pai e vós em mim e eu em vós.

[21]Quem acolhe meus mandamentos e os observa, esse me ama. Ora, quem me ama, será amado por meu Pai, e eu o amarei e me manifestarei a ele.

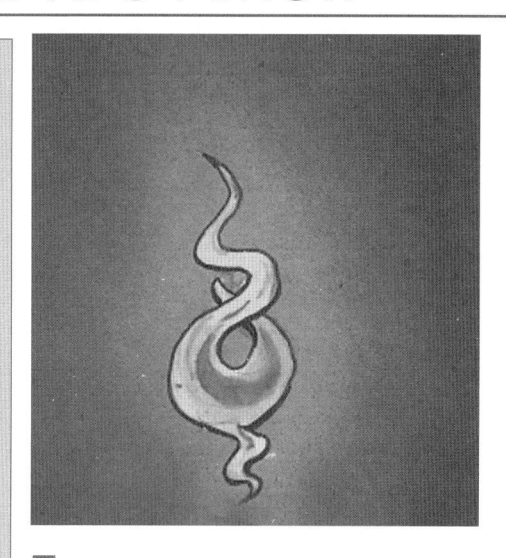

Tadeu era um professor magnífico: fazia seus alunos alegrarem-se com suas músicas bonitas, que acompanhava em seu violão.

Dava gosto vê-lo animar as crianças com teatros engraçados e canções que os alunos aprendiam num abrir e fechar de olhos:

"Para frente vamos todos,
para trás não vou andar.
De mãos dadas bem unidos,
sem jamais nos separar".

— Tadeu, vamos jogar bola?

Na mesma hora, organizavam-se os times e a patota feliz vibrava com as jogadas maravilhosas. Tadeu era sempre escolhido para ser o juiz porque era justo e amigo: todos confiavam nele.

Um dia, Tadeu recebeu uma carta de seu colega Alberto, que trabalhava no interior de Minas cuidando de muitas crianças tristes, que não tinham pai nem mãe.

Tadeu leu a carta do colega com atenção e decidiu.

— Vou ajudar essas crianças!

Quando a patota soube que seu melhor amigo ia partir, reagiu zangada.

— Não vá!

— Deixou de gostar da gente?

— Como poderemos jogar, cantar e ouvir estórias?

— Quem vai tocar violão para nós?

Tadeu chamou a criançada para bem pertinho dele e com seu jeito amigo e sincero disse:

— Vocês não são felizes?

— Sim! Você nos ensinou a viver!

— Então, amiguinhos, agora eu preciso fazer outras crianças felizes. Elas são tristes, não sabem brincar e vivem brigando.

— Coitadas, Tadeu! Realmente elas precisam de você.

— Mas, Tadeu, quem ficará em seu lugar?

O bom rapaz sorriu e explicou:

— Deixo com vocês um grande protetor.

— Como se chama esse protetor?

— Ele toca violão?

Tadeu rindo abraçou as crianças uma por uma e falou:

— O protetor que deixo com vocês é o Amor. Vocês brincam, jogam, cantam, dançam juntos sem brigar porque todos se amam, todos se respeitam, todos se dão as mãos, todos falam a verdade. Você, Pedrinho, que sabe fazer tantas coisas bonitas, ficará ajudando os menores.

— Isso é uma despedida? — perguntou o jovem Lúcio.

— Não, querido, eu preciso ir para minha nova escola, mas um dia eu voltarei para ficar com vocês.

— Boa viagem, Tadeu!

E a patota sacudiu seus lencinhos brancos, enquanto o mestre se distanciava ...

Reflexão: Não esqueçamos nosso grande protetor, o Amor.

A POMBINHA BRANCA

ASCENSÃO DO SENHOR
(Mt 28,16-20)

Naquele tempo: [16]Os onze discípulos foram para a Galileia, ao monte que Jesus lhes tinha indicado.
[17]Quando viram Jesus, prostraram-se diante dele. Ainda assim alguns duvidaram.
[18]Então Jesus aproximou-se e falou: "Toda a autoridade me foi dada no céu e sobre a terra. [19]Portanto, ide e fazei discípulos meus todos os povos, batizando-os em nome do Pai e do Filho e do Espírito Santo, [20]e ensinando-os a observar tudo o que vos ordenei! Eis que eu estarei convosco todos os dias, até ao fim do mundo".

João e seus amigos estavam preocupados. Não chovia; a terra estava seca e as árvores sem folhagem. Os animais sofriam e as pessoas se lamentavam. João e seus amigos não sabiam o que fazer.

— Vamos desenhar a chuva caindo?
— Para que, João?
— Eu tenho fé que a chuva virá.

Desenharam muito, com um giz no chão e com um palito na terra seca. Mas nada de chuva. Então resolveram mandar um bilhete para o céu. Quem, porém, o levaria?

De repente apareceu um bando de doze pombinhas: onze cinzentas e uma branca. João conseguiu segurar a pombinha branca e amarrou o bilhete na perninha direita.

— Voe, pombinha! Leve o bilhete para as nuvens pedindo chuva!

A pombinha branca subiu, subiu e desapareceu nas alturas. João, que tinha fé, falou aos amigos:

— Ela irá entregar o bilhete às nuvens.

Dona Maria do Rosário, mãe de João, sorriu.

— Vá, mãe! Eu tenho fé. Olhe para o céu, mãe!

A pombinha branca, lá no alto, ficou luminosa e enviou doze raios de luz às pombinhas cinzentas. Foi nessa hora que nuvens

escuras desceram do alto e deixaram cair a chuva benéfica, que logo molhou a terra seca, as árvores, os animais e as pessoas.
— Obrigado, pombinha branca. Você é divina!
João e seus amigos começaram a dançar, cantando:
"Cai, chuvinha, cai no chão!
Vem molhar a plantação!"

(A contadora da estória pode preparar uma breve reflexão.)

Reflexão: A Pombinha Branca subiu do céu para dar a João e a seus amigos felicidade, amor e paz.

SUBIU... SUBIU... E ... DESAPARECEU

As plantas estavam morrendo, as flores murchando, a relva desaparecendo, as árvores secando e os pássaros, borboletas e abelhinhas procurando abrigo, sem encontrá-lo...
— Que calor!
— Tenho sede!
— Estou sequinha.
— Vamos embora daqui?
De repente, brotou, vindo não se sabe de onde, um Fio-D'água, que caminhou pela terra seca. Milhares de gotinhas cantavam:
"Venham, venham,
meus amigos,
beber água bem fresquinha.
Venham pássaro, borboleta,
venha também abelhinha..."

Ninguém recusou o convite...
— Que delícia!
— E a água mais fresquinha do mundo.
— Limpinha! Transparente!
— O Fio-D'água continuava a cantar:
"Levem gotinhas para todos
Árvore, fruta e florzinha.
Para a relva que secou,
para a terra tão durinha".

Todos obedeceram ao amigo Fio-D'água.

Os passarinhos levaram água nos bicos e asas, as borboletas em folhinhas secas, as abelhinhas em favos de mel vazios.

Outros bichos apareceram para beber água e depois levá-la para a terra seca; o sapo com um grande saco, a tartaruga com um balde às costas, o cachorrinho com uma vasilha presa aos dentes, o gato, equilibrando um prato entre as orelhas e o galo, com uma concha presa em sua cabeça.
— Co-co-ri-có!
— Miau! Miau!
— Au! Au!
— Ttrrrr!
— Ziuuuuuuuu!
Foi uma festa!

O Fio-D'água via que, à medida que dava suas gotinhas, aumentava de volume.

Havia paz! A relva estava verde, macia, as árvores com muitas folhas aveludadas e as flores perfumadas apresentavam um festival de cores.

Foi então que o sol, escondido há algum tempo, apareceu e jogou seus raios poderosos.

O Fio-D'água entendeu o chamado do sol e cantou:
"Preciso ir, amiguinhos,
Rei Sol está me chamando.
Mas um dia voltarei.
Podem ficar esperando..."

E ele subiu ao céu, devagarinho na escada construída pelo Raio de Sol, mas, antes, no meio do caminho, parou, sacudiu-se e deixou cair milhares de gotinhas que não secavam para os amiguinhos da terra.

Reflexão: O Fio-D'água subiu e desapareceu aparentemente.
Voltou presente na água que molhou a terra, deu vida às abelhas, às borboletas, ao sapo, ao cachorrinho, ao gato e ao galo.
Deu-lhes paz!
Jesus subiu ao céu porque nos ama e quer nosso Bem.

A ESTRELA FANTÁSTICA

Um dia, numa grande escuridão, surgiu uma fantástica estrela: irradiava luzes de todas as cores e seu calor era tanto que derretia o gelo fazendo aparecer árvores, montanhas, vales, flores, pássaros, muitos animais e crianças.

— Bom dia, amigos! — dizia alegremente a Estrela Fantástica.

— Bom dia, Estrela linda e amiga!

Com sua luz e calor, a bondosa Estrela Fantástica fez o mundo sorrir.

— Bebam minha água fresquinha — cantarolava a cachoeira alegre.

— Ouçam nosso canto de amor — trinavam os passarinhos em bando.

E as crianças cantavam batendo palmas:

"Que bom a gente ver
o sol no céu brilhar.
E no infinito azul
a nuvem branca caminhar.
Que bom a gente ver
um pássaro pousar
no alto do arvoredo
para seu ninho preparar..."

Tudo era paz! A Estrela Fantástica reuniu então os onze Cometas de Longa Cauda e lhes disse:

— Preciso ir-me, meu lugar não é aqui.

— Mas tudo voltará a ser escuro e frio, Estrela Fantástica!

— Não, meus amigos, vocês ficarão em meu lugar.

Encostando suas pontinhas nos Cometas de Longa Cauda, a Estrela Fantástica encheu-os de luz e de calor. Todos soltaram faíscas...

— Sigam sempre espalhando amor e alegria, paz e amizade para que haja felicidade. Quem acreditar em vocês será feliz.

Dizendo isso, a Estrela Fantástica foi subindo, subindo e desapareceu nas alturas.

E os Cometas de Longa Cauda saíram por todos os lados cumprindo a vontade da Estrela Fantástica!

Reflexão: A Estrela Fantástica deixou na terra Onze Cometas de Longa Cauda, enchendo-os de luz e de calor, para ficarem em seu lugar. E pediu-lhes que continuassem a espalhar alegria, paz, amizade e felicidade. Vamos também ser cometas.

O FAZENDEIRO E SEUS EMPREGADOS

PENTECOSTES
(Jo 20,19-23)

[19]Ao anoitecer daquele dia, o primeiro da semana, estando fechadas, por medo dos judeus, as portas do lugar onde os discípulos se encontravam, Jesus entrou e, pondo-se no meio deles, disse: "A paz esteja convosco".
[20]Depois dessas palavras, mostrou-lhes as mãos e o lado. Então os discípulos se alegraram por verem o Senhor.
[21]Novamente, Jesus disse: "A paz esteja convosco. Como o Pai me enviou, também eu vos envio".
[22]E, depois de ter dito isso, soprou sobre eles e disse: "Recebei o Espírito Santo. [23]A quem perdoardes os pecados, eles lhes serão perdoados; a quem os não perdoardes, eles lhes serão retidos".

Farta, bonita e agradável era a fazenda do Quincas, que se orgulhava da plantação de eucaliptos, do cafezal e do milharal. Principalmente do milharal, famoso na região por suas enormes espigas douradas.

Os empregados cuidavam de tudo com carinho, evitando o crescimento do mato e a praga dos insetos.

A fazenda Boa Sorte era o orgulho de todos.

Um dia, Zeca, um garoto das redondezas, apostou com seus amigos.

— Querem ver como entro na fazenda e apanho boas espigas para nós?

— Duvido! — gritou Mundoca.

— Nós também duvidamos — acrescentaram Carlitos e Chico.

Zeca esperou anoitecer. Aproximou-se do muro da fazenda e rápido pulou para o outro lado. Ao voltar trazia uma braçada de espigas de milho.

— Ganhei a aposta! Viva eu!

Nem precisa dizer que depois de assadas, as espigas ficaram deliciosas.

No dia seguinte, Zeca apostou novamente.

— Vou entrar na fazenda e apanhar mais milho.

Dessa vez, ninguém duvidou, mas do outro lado do muro estavam dois empregados da fazenda que seguraram o garoto.

— Por que faz isto?
— Quer roubar?
— Por que não pediu?
— Daríamos as espigas para você. Tenha a certeza.

Zeca não sabia o que falar.

— Eu... eu... queria milho!

Pois então leve estas espigas e volte amanhã para ganhar mais.

O menino, encabulado, nem soube agradecer.

Nos dias seguintes, Zeca voltou ao milharal, mas dessa vez entrando pela porta.

No fim de uma semana, estava tão amigo de todos, que pediu emprego ao fazendeiro, que, bondosamente, o perdoou e o acolheu.

Hoje, Zeca é o empregado mais dedicado da fazenda Boa Sorte: trabalhador, faz tudo com perfeição!

E quando algum garoto pula o muro para roubar milho, ele doa também, lembrando-se de sua história.

Reflexão: O fazendeiro da história representa o Bom Jesus, que perdoa a todos.

Os empregados são os apóstolos, que zelam pela plantação. O menino que rouba as espigas e se arrepende, passando a trabalhar na fazenda, é o apóstolo que luta pelas coisas de Deus. Nós devemos seguir esse exemplo.

(Dramatização)

(Ao lado do altar ficarão os 11 apóstolos, vindos do fundo da igreja, e formarão um semicírculo. Vindo da porta principal da igreja, caminha Jesus. Sua túnica é dourada e ele traz uma mochila com 11 colares dourados. Entra no meio dos apóstolos e diz:)

— A paz esteja com vocês!

(Os apóstolos cochicham dois a dois. Parecem não acreditar que aquele é Jesus.)

(Jesus repete:)

— A paz esteja com vocês! Sou eu mesmo. Sou Jesus. Olhem para minhas mãos feridas!

(Os apóstolos se ajoelham e dizem:)

— Ele é mesmo Jesus!

(Jesus, mostrando mais uma vez as mãos, diz:)

— Deus me enviou. E agora eu lhes deixo o Espírito Santo.

(Jesus coloca em cada um deles um colar dourado e toma novamente a palavra:)

— Que a divina luz do Espírito Santo esteja sempre sobre vocês.

(Os discípulos começam a falar em línguas estranhas, dizendo palavras incompreensíveis, sob os efeitos do Espírito Santo. E Jesus continua:)

— Vocês são iluminados pelo Espírito Santo, por isso é que podem falar e entender todas as línguas. Agora, vão por todos os lados e evangelizem todos os povos!

(Os apóstolos descem do altar e se espalham pela igreja, sempre falando em voz alta:)

— A paz esteja com vocês!

(Todos se levantam, dão as mãos e cantam:)

— Paz, paz em Cristo. Paz, paz que vem do amor...

(Dramatização)

Cenário: Apóstolos reunidos conversando baixinho, Maria está com eles.

Caracterização: 14 túnicas de sacos de estopa para os apóstolos e 14 tiras de papel dourado com "dons e frutos" escritos para representarem as "chamas de fogo".

Personagens: 14 apóstolos; Maria; narrador; e 14 "chamas de fogo", que deverão ser levadas por 14 crianças.

Narrador: Chama-se Festa de Pentecostes, o dia número cinquenta após a Festa da Páscoa. Os Apóstolos estavam reunidos no mesmo lugar, na mesma casa.

(Os apóstolos andam de um lado para o outro.)

Narrador: De repente ouve-se um grande barulho.

(Sem ninguém perceber, alguém sacode uma placa de zinco, o barulho aumenta.)

Narrador: O barulho era tão forte que parecia uma ventania fortíssima! Encheu toda a casa onde estavam os Apóstolos: um barulhão! De repente, chamas de fogo surgiram. As chamas de fogo pararam sobre a cabeça de cada um deles.

(As chamas são trazidas por crianças que as sacodem sobre as cabeças dos apóstolos, e a eles as entregam.)

Narrador: Maria sentou-se para rezar!"
(Maria senta-se e começa a rezar.)
Narrador: Os apóstolos ficaram cheios do Espírito Santo e começaram a falar em línguas diferentes.
Dois apóstolos: "Eu te amo!"
Dois apóstolos: "Je t'aime!" (lê-se: Je Teme)
Dois apóstolos: "I love you!" (lê-se: Ai love iu)
Dois apóstolos: "Ich liebe dich!" (lê-se: Ich Libi Disch)
Dois apóstolos: "Io ti amo!" (lê-se: Io Ti amo)
Dois apóstolos: "Watashi wa anata ga suki Desu!" (Lê-se: Watashi wa anata ga suki Desu)
Narrador: Isto se passou em Jerusalém.
(Os apóstolos saem do altar e andam entre a assembleia.)
Narrador: Os apóstolos entregam as chamas de fogo a 14 participantes da missa. Cada participante lerá, em voz alta, o que está escrito na chama de fogo que recebeu.

1º participante: Entendimento
2º participante: Ciência
3º participante: Sabedoria
4º participante: Conselho
5º participante: Fortaleza
6º participante: Piedade
7º participante: Temor a Deus
Narrador: Esses são os dons do Espírito Santo!

8º participante: Caridade
9º participante: Paciência
10º participante: Benignidade
11º participante: Paz
12º participante: Alegria
13º participante: Longevidade
14º participante: Castidade
Narrador: Esses são os frutos do Espírito Santo!

(Os apóstolos voltam ao altar. Todos ficam de pé e cantam, fazendo gestos, um canto de louvor ao Espírito Santo.)

SANTÍSSIMA TRINDADE

SANTÍSSIMA TRINDADE
(Jo 3,16-18)

¹⁶Deus amou tanto o mundo, que deu seu Filho unigênito, para que não morra todo o que nele crer, mas tenha a vida eterna. ¹⁷De fato, Deus não enviou seu Filho ao mundo para condenar o mundo, mas para que o mundo seja salvo por ele. ¹⁸Quem nele crê não é condenado, mas quem não crê já está condenado, porque não acreditou no nome do Filho unigênito.

(Jogral)

(Apresentar 4 tiras de papel escritas: Deus Pai, Deus Filho, Deus Espírito Santo, Santíssima Trindade.)

Grupo A:
Deus Pai, em sua bondade,
criou o mundo bonito.
Na terra a vida espalhou,
pois seu amor é infinito!
Grupo B:

Acendeu a luz nas trevas,
criou plantas e flores;
pôs estrelinhas no céu
e os pássaros cantores!

Grupo A:
Criou os peixes no mar,
na terra animais mil.
Depois ele fez o homem
e a mulher veio a seguir.

Grupo B:
Deus Filho veio ao mundo
para os homens libertar;
para ensinar-lhes a servir,
a perdoar e amar!

Grupo A:
Ele é Jesus Cristo,
nosso Rei e nosso Irmão.
Com ele nasceu vida nova
e nos veio a salvação!

Grupo B:
Ele é o Bom Pastor,
que cuida das ovelhinhas.
As ovelhinhas somos nós,
adultos e criancinhas!

Grupo A:
Deus Espírito Santo,
ao bem sempre conduz.
Do céu ele sempre desce
para nos trazer sua luz!

Grupo B:
O Espírito de Deus
seu amor veio espalhar.
Esse amor que veio do céu
para os homens salvar!

Grupo A:
O Espírito Santo consola,
fortalece, alegra e acalma.
Enriquece qualquer pobre
e cura qualquer alma!

Grupo B:
Deus Pai e o Espírito Santo,
Deus Filho, que é Jesus,
são um só Deus na verdade,
Deus da Vida, do Amor e da Luz.

Todos:
A Santíssima Trindade
é o mistério do Amor.
Três Pessoas em um só Deus:
Deus Pai, Deus Irmão, Deus Calor!

A MELISSA E A CANA-DE-AÇÚCAR

SANTÍSSIMO CORPO E SANGUE DE CRISTO
(Jo 6,51-58)

Naquele tempo: disse Jesus às multidões dos judeus: [51]"Eu sou o pão vivo descido do céu. Quem comer deste pão viverá eternamente. E o pão que eu darei é minha carne dada para a vida do mundo".
[52]Os judeus discutiam entre si, dizendo: "Como é que ele pode dar sua carne a comer?"
[53]Então Jesus disse: "Em verdade, em verdade vos digo, se não comerdes a carne do Filho do Homem e não beberdes seu sangue, não tereis a vida em vós. [54]Quem come minha carne e bebe meu sangue tem a vida eterna, e eu o ressuscitarei no último dia. [55]Porque minha carne é verdadeira comida e meu sangue verdadeira bebida. [56]Quem come minha carne e bebe meu sangue permanece em mim e eu nele. [57]Como o Pai, que vive, me enviou, e eu vivo por causa do Pai, assim aquele que me recebe como alimento viverá por causa de mim. [58]Este é o pão que desceu do céu. Não é como aquele que os vossos pais comeram. Eles morreram. Aquele que come este pão viverá para sempre".

Só restara uma cana-de-açúcar, jogada ao chão seco e duro.

As formiguinhas passaram em fila, uma atrás da outra. Olharam a cana, sacudiram as cabecinhas e continuaram a andar...

De repente uma formiguinha bate a patinha numa pedra e começa a gritar:

— Ai! Ui! Quebrei meu pezinho.

— E agora? — perguntou a formiguinha Lilica.

— Ai, Ui! Não posso andar — a formiguinha Melissa chorava sem parar.

Como era a última da fila, as amiguinhas não viram o que estava acontecendo com Melissa e continuaram a andar pé-lá, pé-cá.

Vovô Formiga, Vovó Formiga, Papai Formiga, Mamãe Formiga, Titio Formiga, Titia Formiga, todos continuaram a caminhada para encontrar comida e bebida. Estavam com muita fome e com muita sede.

Pé-lá, pé-cá..., lá se foi a correição deixando Melissa para trás.

— Tchau, Melissa, preciso juntar-me... às outras. Boa sorte.

Pobre Melissa! Com o pé quebrado, sentindo muitas dores, com fome e sede, Melissa achou que ia morrer... De repente ouviu uma voz doce:

— Melissa! Eu vou ajudá-la.

— Quem está falando comigo? — perguntou entre soluços a formiguinha ferida.

— Sou eu! A cana-de-açúcar, a única que sobrou dos facões afiados.

A cana rolou pelo chão e foi parar ao lado de Melissa.

— Sirva-se de mim, Melissa! Assim, não terá mais fome, nem sede.

Melissa não esperou novo convite. Com seu ferrão afiado, fez um buraquinho na cana.

— Glub, glub, glube... Que caldo gostoso! Docinho, docinho!

Com muita paciência, Melissa conseguiu cortar a casca dura, chupou o caldo e comeu um pedacinho da cana.

O tempo passou...

Melissa já não sentia mais dores nos pezinhos e estava forte, bem alimentada pela cana.

— Obrigada, Dona Cana, a senhora salvou minha vida.

Reflexão: Jesus também nos salvou, nos salva e nos salvará. Ele disse: "Quem comer minha carne e beber meu sangue, viverá eternamente".

HOJE É HOJE!

8º DOMINGO DO TEMPO COMUM
(Mt 6,24-34)

Naquele tempo, disse Jesus a seus discípulos: [24]"Ninguém pode servir a dois senhores: pois, ou odiará um e amará o outro, ou será fiel a um e desprezará o outro. Vós não podeis servir a Deus e ao dinheiro.

[25]Por isso eu vos digo: não vos preocupeis com vossa vida, com o que havereis de comer ou beber; nem com vosso corpo, com o que havereis de vestir. Afinal, a vida não vale mais do que o alimento, e o corpo, mais do que a roupa?

[26]Olhai os pássaros dos céus: eles não semeiam, não colhem, nem ajuntam em armazéns. No entanto, vosso Pai que está nos céus os alimenta. Vós não valeis mais do que os pássaros?

[27]Quem de vós pode prolongar a duração da própria vida, só pelo fato de se preocupar com isso? [28]E por que ficais preocupados com a roupa? Olhai como crescem os lírios do campo: eles não trabalham nem fiam. [29]Porém, eu vos digo: nem o rei Salomão, em toda a sua glória, jamais se vestiu como um deles.

[30]Ora, se Deus veste assim a erva do campo, que hoje existe e amanhã é queimada no forno, não fará ele muito mais por vós, gente de pouca fé?

[31]Portanto, não vos preocupeis, dizendo: O que vamos comer? O que vamos beber? Como vamos nos vestir? [32]Os pagãos é que procuram essas coisas. Vosso Pai, que está nos céus, sabe que precisais de tudo isso.

[33]Pelo contrário, buscai em primeiro lugar o Reino de Deus e sua justiça, e todas essas coisas vos serão dadas por acréscimo.

[34]Portanto, não vos preocupeis com o dia de amanhã, pois o dia de amanhã terá suas preocupações! Para cada dia, bastam seus próprios problemas".

Belinha estava preocupada.

Quantos deveres!... Quantas preocupações! Quantas pesquisas! Um mapa para desenhar! Um painel para projetar!

Belinha, responsável, começou a chorar...

No dia seguinte, queria ir à Missa das Crianças, levaria cerca de três horas para se arrumar, ir e voltar. E agora?

Nesse momento, entra na sala onde estava Belinha sua mamãe, Dona Bedi.

— Que foi, filha? Que desespero!

— Mamãe, eu não aguento. Acho que vou ficar louquinha, louquinha...

— Por quê?

— Tenho tanta coisa da escola para fazer...

— Você tem de apresentar tudo hoje?

— Não, mamãe. Hoje é aula normal. Tenho de levar alguma coisa na segunda-feira, outras na terça-feira.

— Ora, ora, e por que pensar em tudo hoje?

— Amanhã, quero ir à igreja.

— Filha minha. Não se aflija! Descanse agora, tome seu banho, almoce, vá à escola, volte, ouça música e dance. Amanhã visite Jesus e depois faça o trabalho que é para entregar na segunda-feira. Se der tempo, comece o trabalho que você precisa levar à escola na terça-feira. Belinha, hoje é hoje, amanhã é amanhã.

Reflexão: Não devemos preocupar-nos hoje com o dia de amanhã. Para cada dia bastam seus próprios problemas.

SER CRISTÃO

**9º DOMINGO
DO TEMPO COMUM
(Mt 7,21-27)**

Naquele tempo, disse Jesus a seus discípulos: [21]"Nem todo aquele que me diz: 'Senhor, Senhor', entrará no Reino dos Céus, mas o que põe em prática a vontade de meu Pai que está nos céus.

[22]Naquele dia, muitos vão dizer-me: 'Senhor, Senhor, não foi em teu nome que profetizamos? Não foi em teu nome que expulsamos demônios? E não foi em teu nome que fizemos muitos milagres?'

[23]Então eu lhes direi publicamente: 'Jamais vos conheci. Afastai-vos de mim, vós que praticais o mal'.

[24]Portanto, quem ouve essas minhas palavras e as põe em prática, é como um homem prudente, que construiu sua casa sobre a rocha. [25]Caiu a chuva, vieram as enchentes, os ventos deram contra a casa, mas a casa não caiu, porque estava construída sobre a rocha.

[26]Por outro lado, quem ouve essas minhas palavras e não as põe em prática é como um homem sem juízo, que construiu sua casa sobre a areia. [27]Caiu a chuva, vieram as enchentes, os ventos sopraram e deram contra a casa, e a casa caiu, e sua ruína foi completa!"

(Canto da cirandinha)

1. Ser cristão, ó minha gente,
é sem máscaras viver.
Mascarado sai da roda,
porque nele ninguém crê.

2. Ser cristão é ser um sábio,
sua casa construir.
Não na areia, sim na pedra,
para que não venha a cair.

3. Cai a chuva, sopra o vento,
nossa casa não cai, não!
Pois na rocha ela foi feita
também nosso coração.

4. Nem inveja, nem maldade,
nada nos pode atingir.
O cristão é como pedra
em a tudo resistir.

5. Lá, lá, rá, lá, rá, lá, rá,
o cristão tem alegria,
porque vive com Jesus
dia e noite, noite e dia.

A ABELHINHA PREGUIÇOSA

10º DOMINGO DO TEMPO COMUM
(Mt 9,9-13)

Naquele tempo: ⁹Partindo dali, Jesus viu um homem, chamado Ma-teus, sentado na cole-toria de impostos, e disse-lhe: "Segue-me!" Ele se levantou e seguiu a Jesus.
¹⁰Enquanto Jesus estava à mesa, em casa de Mateus, vieram muitos cobradores de impostos e pecadores e sentaram-se à mesa com Jesus e seus discípulos.
¹¹Alguns fariseus viram isso e perguntaram aos discípulos: "Por que vosso mestre come com os cobradores de impostos e pecadores?"
¹²Jesus ouviu a pergunta e respondeu: "Aqueles que têm saúde não precisam de médico, mas sim os doentes. ¹³Aprendei, pois, o que significa: 'Quero misericórdia e não sacrifício'. De fato, eu não vim para chamar os justos, mas os pecadores".

Na colmeia da Rainha Abelha Calu, todos estavam trabalhando. No entanto, uma abelhinha, num canto da colmeia, nada fazia. Sentia muito calor e suava sem parar.

— Ai, ai! — gemia Lininha.

Para melhorar a situação, Lininha batia as asas sem parar, como se fosse um ventilador.

— Lininha, você só pode ficar na colmeia se fabricar o mel.

Lininha queria trabalhar, mas não conseguia.

Uma abelha operária, a Melinha, ficou zangada e voou em direção à sala do trono.

— Rainha Abelha Calu, vim aqui para avisá-la que uma abelha de sua colmeia não quer trabalhar.

— Como é seu nome?
— Lininha.

— Ela está doente?
— Não. Ela é preguiçosa.
— Pois bem. Traga-a até aqui. Vou falar com ela!
Lininha soube da ordem da Rainha Abelha e pôs-se a tremer...
— Você será expulsa — disse Melinha. Na colmeia, todos têm de ser úteis. Você é uma vadia.
Melinha segurou Lininha e arrastou-a até a sala do trono.
— Esta é Lininha, Majestade!
— Muito bem, Melinha, pode retirar-se. Quero falar a sós com ela.
Calu chamou Lininha para bem perto dela.
— Venha até bem perto de mim. Não precisa ter medo. Estou aqui para ajudá-la.
— S...i...m, Majestade!
— Por que você não quer fabricar o mel como todas as suas companheiras?
— E...u sin...to mu...i...to calor!
E Lininha começou a girar as asas.
A Rainha Calu, que também sentia calor, sorriu.
— Que fresquinho bom, Lininha!
— A senhora não está zangada comigo?
— Não, filha. Eu precisava muito de um ventilador. Você chegou na hora.
Lininha ficou tão feliz que passou a girar as asas com mais força.
A Rainha Mãe mandou abrir as portas da sala do trono e chamou todas as abelhinhas operárias.
Melinha logo falou:
— A senhora vai expulsar Lininha?
— Não! Ela ficará comigo.
— Mas ela é preguiçosa...
— Lininha, eu estou aqui para ajudar a compreender, não para condenar...

Reflexão: Não devemos condenar ninguém. Não somos juízes. Devemos tentar compreender os que nos cercam.

JESUS E OS APÓSTOLOS

**11º DOMINGO
DO TEMPO COMUM
(Mt 9,36-10,8)**

Naquele tempo: ³⁶Vendo Jesus as multidões, compadeceu-se delas, porque estavam cansadas e abatidas, como ovelhas que não têm pastor. Então disse a seus discípulos: ³⁷"A Messe é grande, mas os trabalhadores são poucos. ³⁸Pedi pois ao dono da messe que envie trabalhadores para sua colheita!"

¹⁰,¹Jesus chamou os doze discípulos e deu-lhes poder para expulsarem os espíritos maus e para curarem todo tipo de doença e enfermidade.

²Estes são os nomes dos doze apóstolos: primeiro, Simão chamado Pedro, e André, seu irmão; Tiago, filho de Zebedeu, e seu Irmão João; ³Filipe e Bartolomeu; Tomé e Mateus, o cobrador de impostos; Tiago, filho de Alfeu, e Tadeu; ⁴Simão, o Zelota, e Judas Iscariotes, que foi o traidor de Jesus.

⁵Jesus enviou esses Doze, com as seguintes recomendações: "Não deveis ir aonde moram os pagãos, nem entrar nas cidades dos samaritanos! ⁶Ide, antes, às ovelhas perdidas da casa de Israel! ⁷Em vosso caminho, anunciai: 'O Reino dos Céus está próximo'. ⁸Curai os doentes, ressuscitai os mortos, purificai os leprosos, expulsai os demônios. De graça recebestes, de graça deveis dar!"

(Jogral)

Grupo A: Jesus teve pena
da enorme multidão.
Cansada e muito abatida,
merecia compaixão.

Grupo B: A enorme multidão
eram ovelhas sem pastor.
Pastor que ajudasse
com seu imenso amor!

Grupo A: Jesus disse
aos discípulos:
"Muita coisa a fazer!
Pois o trabalho é grande,
e ninguém deve morrer.

Grupo B: Precisamos
do trabalho
de muitos trabalhadores:
a colheita é muito grande,
avisem os senhores".

Grupo A: Jesus falava
em colheita,
colheita toda de gente:
gente doente e nervosa
que muitas doenças sente.

Grupo B:
Jesus chamou os discípulos:
eram doze, vocês sabem.
E deu-lhes muito poder
para que bem trabalhassem.

Grupo A:
Poder para que as maldades
pudessem logo expulsar.
As doenças, vejam só!
Eles iriam curar.

Grupo B:
Estes eram os Apóstolos,
eram doze a repetir
o caminho de Jesus
que deveriam seguir.

Grupo A:
Eram estes os Apóstolos:
Pedro e André, seu irmão,
os filhos de Zebedeu,
Tiago e também João.

Grupo B:
Filipe e Bartolomeu,
e até um cobrador,
seu nome era Mateus,
que antes espalhava pavor.

Grupo A:
Tomé, que vocês já sabem,
queria ver para crer.
Tiago, filho de Alfeu,
poderes tinha a valer.

Grupo B:
Simão estava na lista,
e também o traidor,
o Judas Iscariotes,
que a Jesus não tinha amor.

Grupo A:
Também Tadeu foi chamado,
mais um naquele listão.
Listão dos doze Apóstolos
para servirem os cristãos.

Grupo B:
O Reino de Deus aqui está,
e todos devemos saber
que a morte é passageira:
é morrer para viver.

O JUIZ DE FUTEBOL

**12º DOMINGO
DO TEMPO COMUM
(Mt 10,26-33)**

Naquele tempo, disse Jesus a seus apóstolos: ²⁶Não tenhais medo dos homens, pois nada há de encoberto que não seja revelado, e nada há de escondido que não seja conhecido. ²⁷O que vos digo na escuridão, dizei-o à luz do dia; o que escutais ao pé do ouvido, proclamai-o sobre os telhados!
²⁸Não tenhais medo daqueles que matam o corpo, mas não podem matar a alma! Pelo contrário, temei aquele que pode destruir a alma e o corpo no inferno! ²⁹Não se vendem dois pardais por algumas moedas? No entanto, nenhum deles cai no chão sem o consentimento de vosso Pai.
³⁰Quanto a vós, até os cabelos da vossa cabeça estão todos contados. ³¹Não tenhais medo! Vós valeis mais do que muitos pardais.
³²Portanto, todo aquele que se declarar a meu favor diante dos homens, também eu me declararei em favor dele diante de meu Pai que está nos céus. ³³Aquele, porém, que me negar diante dos homens, também eu o negarei diante de meu Pai que está nos céus.

Numa cidade do interior, havia dois grupos de jovens: os pobres da igreja N. S. da Conceição e os ricos que não tinham tempo para ir à igreja. Estes passavam o dia brincando no computador ou divertindo-se na piscina. Às vezes, o grupo jogava futebol, vôlei ou basquete.

A única coisa que unia os dois grupos era o ídolo: Pelé.

Todos os jovens queriam ser parecidos com Pelé.

O grupo pobre usava a camisa azul e o calção branco; o grupo rico, camisa amarela, calção verde.

Os uniformes do grupo azul tinham sido dados por uma senhora da comunidade, que gostava muito dos meninos.

O grupo amarelo não teve problemas: cada jogador comprou seu uniforme bem incrementado.

O time amarelo soube da existência do azul.

— Vamos propor-lhe um jogo no próximo domingo?

— Ó Carlos, nós vamos ganhar de cinco a zero.

— Pois então, daremos um banho neles.

Carlos, pensando somente na vitória por larga margem, consultou o técnico Sr. Joel.

Ele achou ótima a ideia.

O time azul aceitou o convite e avisou o técnico Sr. Rui.

— Vamos jogar domingo? Com o time Amarelo?

— Estamos prontos, Sr. Rui?

— Sim!

O time azul teve uma excelente preparação. Confiaram no técnico Sr. Rui.

— Façam o que digo. Sigam minha orientação.

O time amarelo não seguiu os conselhos do técnico Sr. Joel. Ficaram horas divertindo-se com outros brinquedos.

— Cuidado, gente! — Avisou o Sr. Joel. — Precisamos fazer concentração.

Mas não adiantou...

Por outro lado, o time azul seguia à risca o que o treinador mandava.

— Confiem em mim!

Chegou o dia do jogo.

O time azul jogou com vontade de ganhar e faziam os passes combinados com o Rui.

Foi um jogo fácil.

O time azul ganhou de 5 a 0.

Os jogadores confiaram no técnico, e a vitória foi merecida.

O juiz, Sr. Otávio, ficou encantado com o time azul e com seu técnico Rui.

— Foi uma bela vitória, Rui.

Reflexão: Precisamos fazer sempre o que Jesus mandar. É assim que chegaremos a ganhar o Reino dos céus.

O AMOR MAIOR

13º DOMINGO DO TEMPO COMUM
(Mt 10,37-42)

Naquele tempo, disse Jesus a seus apóstolos: ³⁷"Quem ama seu pai ou sua mãe mais do que a mim, não é digno de mim. Quem ama seu filho ou sua filha mais do que a mim, não é digno de mim. ³⁸Quem não toma sua cruz e não me segue, não é digno de mim. ³⁹Quem procura conservar sua vida vai perdê-la. E quem perde sua vida por causa de mim, vai encontrá-la. ⁴⁰Quem vos recebe, a mim recebe; e quem me recebe, recebe aquele que me enviou. ⁴¹Quem recebe um profeta, por ser profeta, receberá a recompensa de profeta. E quem recebe um justo, por ser justo, receberá a recompensa de justo. ⁴²Quem der, ainda que seja apenas um copo de água fresca a um desses pequeninos, por ser meu discípulo, em verdade vos digo: não perderá sua recompensa".

(Jogral)

Grupo A:
Maior que o amor ao papai,
Jesus em primeiro lugar.
Maior que o amor à mamãe,
a Jesus devemos doar.

Grupo B:
Nosso amor por Jesus
está acima de toda medida.
Está acima de qualquer riqueza,
é o mais importante da vida.

Grupo A:
Mas todos temos uma cruz
que precisamos carregar:
Jesus assim nos ensinou
e ele vai nos ajudar.

Grupo B:
Nossa vida é um presente,
que de Deus recebemos.
Vencendo nosso egoísmo,
aos irmãos nossa vida daremos.

Grupo A:
E quem receber as pessoas
estará recebendo a Jesus.
E terá uma herança feliz
de alegria, de amor e de luz.

Grupo B:
Quem for justo será recebido
um dia no Reino dos céus.
E irá viver para sempre
feliz, nos braços de Deus.

Grupo A:
E quem amparar um profeta
em nome de Cristo Jesus,
também será recebido
nos braços do amigo Jesus.

Grupo B:
E quem der um copo de água
aos pequenos e ao pobrezinho,
é a Jesus que está doando,
e dele ganhará o carinho.

Reflexão: Amemos Jesus para sempre, pois ele é nosso Salvador. É dele que virá nossa herança de paz, de vida e de amor.

O BURRINHO VERDE

**14º DOMINGO DO TEMPO COMUM
(Mt 11,25-30)**

Naquele tempo, Jesus pôs-se a dizer: 25"Eu te louvo, ó Pai, Senhor do céu e da terra, porque escondeste estas coisas aos sábios e entendidos e as revelaste aos pequeninos. 26Sim, Pai, porque assim foi de teu agrado.
27Tudo me foi entregue por meu Pai, e ninguém conhece o Filho, senão o Pai, e ninguém conhece o Pai, senão o Filho e aquele a quem o Filho o quiser revelar.
28Vinde a mim todos vós que estais cansados e fatigados sob o peso dos vossos fardos, e eu vos darei descanso. 29Tomai sobre vós meu jugo e aprendei de mim, porque sou manso e humilde de coração, e vós encontrareis descanso. 30Pois meu jugo é suave e meu fardo é leve.

A burrinha Dona Mimosa tinha dois filhos, Branco e Chocolate. Esperava um novo bebê. Mas, assim que nasceu, que decepção! Nascera verde. Todos os animais o acharam horrível.

— Burrinho verde não existe. Logo, você é um monstro.

D. Mimosa dava-lhe vários banhos por dia. Mas quanto mais esfregava, mais verde ele ficava.

Os três burrinhos cresceram. Logo, quiseram trabalhar para ajudar a mamãe. O Burrinho Branco arranjou um emprego: auxiliar de leiteiro! Carregava o leite e um sininho que badalava chamando os fregueses: Dlim! Dlim! O Burrinho Chocolate foi ser ajudante de jardineiro: puxando o arado enquanto seu patrão jogava as sementinhas na terra revolvida...

O Burrinho Verde tinha um sonho: ser ajudante de padeiro. Mas quando foi à padaria pedir ao padeiro para lá trabalhar, ouviu gritos assustadores:

— Burrinho Verde padeiro? Você está louco? Vai tingir minha farinha de verde... Não! Nunca!

O pobre Burrinho Verde chorou...

Voltou para casa desanimado, mas ainda com esperanças de conseguir algum trabalho.

— Eu sou verde porque "alguém" quis assim. Vou achar meu lugar.

Deu um beijo em Dona Mimosa, dizendo:

— Eu vou achar meu lugar.
Dona Mimosa passou o dia preocupada:
— Meu filhinho deve estar sofrendo...
Bem tarde da noite, ele voltou, mas, para surpresa da mamãe, chegou alegre, sacudindo as orelhas e abanando o rabinho.
— Mamãe! Consegui!
— Onde?
— Amanhã, a senhora verá.
No dia seguinte, Dona Mimosa e o Burro Verde foram à cidade.
Ele arranjara emprego no "Circo Dudu".
Vendo os palhaços, as bailarinas, os trapezistas, os domadores, os equilibristas, Mimosa ficou feliz.
— Meu filho deve estar ajudando na "maquiagem" dos artistas.
Nesse momento, o circo ficou às escuras e um jato de luz azul iluminou o picadeiro.
Disse o dono do circo:
— Vejam, minha gente! Agora teremos a maior atração. O único burrinho verde do mundo...
Ele entrou todo enfeitado de plumas e fitas, com uma Bailarina cor-de-rosa pulando em suas costas.
— Viva o burrinho verde!
— Viva o único burrinho verde do mundo.

Reflexão: As pessoas mais simples, mais humildes e mais bondosas são sempre mais felizes (Estória de Maria Teresa Giacomo).

UMA HISTÓRIA DE JESUS

15º DOMINGO DO TEMPO COMUM
(Mt 13,1-23)

¹Naquele dia, Jesus saiu de casa e foi sentar-se às margens do mar da Galileia. ²Uma grande multidão reuniu-se em volta dele. Por isso Jesus entrou numa barca e sentou-se, enquanto a multidão ficava de pé, na praia. ³E disse-lhes muitas coisas em parábolas: "O semeador saiu para semear. ⁴Enquanto semeava, algumas sementes caíram à beira do caminho, e os pássaros vieram e as comeram. ⁵Outras sementes caíram em terreno pedregoso, onde não havia muita terra. As sementes logo brotaram, porque a terra não era profunda. ⁶Mas, quando o sol apareceu, as plantas ficaram queimadas e secaram, porque não tinham raiz. ⁷Outras sementes caíram no meio dos espinhos. Os espinhos cresceram e sufocaram as plantas. ⁸Outras sementes, porém, caíram em terra boa, e produziram à base de cem, de sessenta e de trinta frutos por semente. ⁹Quem tem ouvidos, ouça!" ¹⁰Os discípulos aproximaram-se e disseram a Jesus: "Por que tu falas ao povo em parábolas?" ¹¹Jesus respondeu: "Porque a vós foi dado o conhecimento dos mistérios do Reino dos Céus, mas a eles não é dado. ¹²Pois à pessoa que tem, será dado ainda mais, e terá em abundância; mas à pessoa que não tem, será tirado até o pouco que tem. ¹³É por isso que eu lhes falo em parábolas:

(Dramatização)

Personagens: Jesus, multidão (algumas crianças), semeador, 1ª semente, 2ª semente, 3ª semente, 4ª semente; pássaros, pedra, sol, espinho, terra boa, galhos com laranjas, barca humana (crianças improvisam uma barca com tiras de papel crepom) ao redor do altar.

Jesus estava andando. (Pausa para Jesus andar.) Jesus entra numa barca. As crianças, que são os apóstolos, sentam-se. A multidão que seguia Jesus, senta-se também.

porque olhando, eles não veem, e ouvindo, eles não escutam, nem compreendem. ¹⁴Desse modo se cumpre neles a profecia de Isaías: 'Havereis de ouvir, sem nada entender. Havereis de olhar, sem nada ver. ¹⁵Porque o coração deste povo se tornou insensível. Eles ouviram com má vontade e fecharam seus olhos, para não ver com os olhos, nem ouvir com os ouvidos, nem compreender com o coração, de modo que se convertam e eu os cure'.

¹⁶Felizes sois vós, porque vossos olhos veem e vossos ouvidos ouvem. ¹⁷Em verdade vos digo, muitos profetas e justos desejaram ver o que vedes, e não viram, desejaram ouvir o que ouvis, e não ouviram. ¹⁸Ouvi, portanto, a parábola do semeador: ¹⁹Todo aquele que ouve a palavra do Reino e não a compreende, vem o Maligno e rouba o que foi semeado em seu coração. Este é o que foi semeado à beira do caminho.

²⁰A semente que caiu em terreno pedregoso é aquele que ouve a palavra e logo a recebe com alegria; ²¹mas ele não tem raiz em si mesmo, é de momento: quando chega o sofrimento ou a perseguição, por causa da palavra, ele desiste logo.

²²A semente que caiu no meio dos espinhos é aquele que ouve a palavra, mas as preocupações do mundo e a ilusão da riqueza sufocam a palavra, e ele não dá fruto. ²³A semente que caiu em boa terra é aquele que ouve a palavra e a compreende. Esse produz fruto. Um dá cem, outro sessenta e outro trinta".

Narrador: Jesus gostava de catequizar, contando histórias. A história de hoje é a do semeador, homem que joga sementes na terra, para germinarem.

Jesus: Era uma vez um semeador...

Semeador: Preciso semear. Está na época certa! Hum... a terra está muito dura. Vou revolvê-la com um ancinho (apanha o ancinho e revolve a terra). Joga as sementes na terra com carinho.

Semeador: Agora, vou regá-las (apanha o regador e as rega com cuidado). Preciso descansar agora. Vou tirar uma soneca.

Narrador: O semeador estava cansado. Dormiu bastante. Vários dias! Enquanto isso, vieram pássaros e levaram as sementes que caíram à beira da estrada (crianças imitando pássaros levam as sementes).

1ª semente: Oba! Já não preciso ficar na terra que quer me abraçar.

Narrador: A terra puxa a semente para um lado e um dos pássaros puxa para outro...

Pássaro: Sai para lá, terra, a semente vem comigo!

Narrador: A 2ª semente caiu em cima de uma pedra (personificada). O sol (personificado) veio e secou a 2ª semente e ela morreu (a 2ª semente finge que morre).

Narrador: A 3ª semente caiu no meio dos espinhos (personalizados).

3ª semente: Ai! Ui! Não posso respirar... Estou toda furadinha...

Espinho: Há! Há! Há! Você é muito engraçada!

Narrador: E a 4ª semente?

4ª semente: Caí em terra boa!

Terra boa: Venha, sementinha! Deixe-me abraçá-la.

Narrador: Realmente, a 4ª semente, que caiu em terra boa, germinou! Ficou cheia de galhos com laranjas.

4ª semente: Claro! Eu sou uma laranjeira. Minha semente é o caroço de uma laranja.

Reflexão: Não é um mistério da natureza que Deus criou para nós? Cada semente, que cai em terra boa, pode produzir trinta, sessenta, cem frutos com muitas outras sementes dentro deles.

NA TERRA DOS ANÕES

16º DOMINGO DO TEMPO COMUM
(Mt 13,24-43)

Naquele tempo: ²⁴Jesus contou outra parábola à multidão: "O Reino dos Céus é como um homem que semeou boa semente em seu campo.

²⁵Enquanto todos dormiam, veio seu inimigo, semeou joio no meio do trigo, e foi embora.

²⁶Quando o trigo cresceu e as espigas começaram a se formar, apareceu também o joio.

²⁷Os empregados foram procurar o dono e lhe disseram: 'Senhor, não semeaste boa semente em teu campo? Donde veio então o joio?' ²⁸O dono respondeu: 'Foi algum inimigo que fez isso'. Os empregados lhe perguntaram: 'Queres que vamos arrancar o joio?' ²⁹O dono respondeu: 'Não! pode acontecer que, arrancando o joio, arranqueis também o trigo. ³⁰Deixai crescer um e outro até a colheita! E, no tempo da colheita, direi aos que cortam o trigo: arrancai primeiro o joio e o amarrai em feixes para ser queimado! Recolhei, porém, o trigo em meu celeiro!'"

³¹Jesus contou-lhes outra parábola: "O Reino dos Céus é como uma semente de mostarda que um homem pega e semeia no seu campo. ³²Embora ela seja a menor de todas as sementes, quando cresce, fica maior do que as outras plantas. E torna-se uma árvore, de modo que os pássaros vêm e fazem ninhos em seus ramos".

³³Jesus contou-lhes ainda uma outra parábola: "O Reino dos Céus é como o fermento que uma mulher pega e mistura com três porções de farinha, até que tudo fique fermentado".

³⁴Tudo isso Jesus falava em parábolas às multidões. Nada lhes falava sem usar parábolas, ³⁵para se cumprir o que foi dito pelo profeta: 'Abrirei a boca para falar em parábolas; vou proclamar coisas escondidas desde a criação do mundo'.

³⁶Então Jesus deixou as multidões e foi para casa. Seus discípulos aproximaram-se dele e disseram: "Explica-nos a parábola do joio!" ³⁷Jesus respondeu: Aquele que semeia a boa semente é o Filho do Homem. ³⁸O campo é o mundo. A boa semente são os que pertencem ao Reino. O joio são os que pertencem ao Maligno. ³⁹O inimigo que semeou o joio é o diabo. A colheita é o fim dos tempos. Os ceifeiros

são os anjos. ⁴⁰Como o joio é recolhido e queimado ao fogo, assim também acontecerá no fim dos tempos: ⁴¹o Filho do Homem enviará seus anjos e eles retirarão de seu Reino todos os que fazem outros pecar e os que praticam o mal; ⁴²e depois os lançarão na fornalha de fogo. Aí haverá choro e ranger de dentes. ⁴³Então os justos brilharão como o sol no Reino de seu Pai. Quem tem ouvidos, ouça".

O chefe dos anões enviou uma notícia a seus súditos, o Barba Azul, o Barba Roxa, o Barba Branca, o Barba Verde, o Barba Amarela, o Barba Laranja e o Barba Vermelha.

— Meus amigos, preciso de uma braçada de flores para ofertá-la à princesinha com quem vou me casar.

Os anõezinhos correram para seus canteiros. Todos lindíssimos!

O chefe dos anõezinhos falou e quando ele falava todos o ouviam e o obedeciam.

O Barba Azul trouxe para ele uma braçada de hortências de um azul maravilhoso.

O Barba Roxa, uma cesta de violetas bem roxinhas.

O Barba Branca, um grande ramalhete de copos-de-leite.

O Barba Verde, ajudado por sua família, trouxe seis vitórias--régias, certo de que iria agradar o chefe dos anões.

O Barba Amarela trouxe uma bandeja de girassóis.

— Minhas flores farão sucesso! — pensou com um sorriso nos lábios.

O Barba Laranja entregou-lhe um enorme vaso de "marias-sem-vergonhas" de todas as cores.

O Barba Vermelho deu ao chefe dos anões um enorme buquê de rosas vermelhas aveludadas e perfumadas.

De repente, fez cara feia e disse:

— Os espinhos das rosas me feriram. Por que não arrancamos, de todas as rosas do mundo, seus espinhos que nos ferem?

O chefe dos anõezinhos olhou para seu súdito e explicou:

— Não se pode arrancar os espinhos das rosas, porque eles são sua defesa. Sem eles as rosas desfolhariam. Precisamos deixá-las crescer e depois sim tiraremos os espinhos.

O chefe dos anõezinhos, com uma tesoura apropriada, cortou os espinhos.

Barba Vermelha olhou nos olhos do chefe e respondeu:

— Como o senhor é sábio!

Quando a princesinha chegou, e seu futuro esposo entregou-lhe o ramo de rosas vermelhas, ela sorriu.

— Obrigada, meu amor! Elas são as flores mais bonitas do mundo. Além disso, sem espinhos que furariam minha mão.

— De nada, amor! Para uma princesa tão bela, uma flor lindíssima e sem espinho.

Reflexão: Os espinhos das rosas são sua defesa. Os espinhos de nossas vidas ajudam-nos a sermos melhores.

REINO DE DEUS NA TERRA

**17º DOMINGO
DO TEMPO COMUM
(Mt 13,44-52)**

Naquele tempo, disse Jesus a seus discípulos: ⁴⁴"O Reino dos Céus é como um tesouro escondido no campo. Um homem o encontra e o mantém escondido. Cheio de alegria, ele vai, vende todos os seus bens e compra aquele campo.

⁴⁵O Reino dos Céus também é como um comprador que procura pérolas preciosas. ⁴⁶Quando encontra uma pérola de grande valor, ele vai, vende todos os seus bens e compra aquela pérola.

⁴⁷O Reino dos Céus é ainda como uma rede lançada ao mar e que apanha peixes de todo tipo. ⁴⁸Quando está cheia, os pescadores puxam a rede para a praia, sentam-se e recolhem os peixes bons em cestos e jogam fora os que não prestam.

⁴⁹Assim acontecerá no fim dos tempos: os anjos virão para separar os homens maus dos que são justos, ⁵⁰e lançarão os maus na fornalha de fogo. E aí, haverá choro e ranger de dentes. ⁵¹Compreendestes tudo isso?" Eles responderam: "Sim".

⁵²Então Jesus acrescentou: "Assim, pois, todo o mestre da Lei, que se torna discípulo do Reino dos Céus, é como um pai de família que tira do seu tesouro coisas novas e velhas".

Dr. Carlos, engenheiro, morava na cidade, numa linda casa de dois andares. Casado, com uma filha e dois netos, ele trabalhava numa construtora. Sua esposa, Nair, era excelente dona de casa. Tinha empregada, faxineira e jardineiro, que traziam sua casa limpa, arrumada e florida.

Certa vez, foram passar o fim de semana numa cidade do interior. Passeando com a família, Carlos viu, encantado, o hotel onde se hospedaria. Que lindo! O hotel tinha uma parte nova e uma antiga.

A parte nova possuía vinte suítes com dois quartos e uma varanda onde embalançava uma rede gostosa. Todos os quartos possuíam televisão, ventilador de teto, geladeira repleta de coisas gostosas e um banheiro confortável. Na parte mais antiga do hotel, também havia o mesmo conforto.

No hotel-fazenda havia cavalos para serem

usados a qualquer instante. Charretes, bicicletas e motos eram muito usados. Tucanos, araras, papagaios, galos, galinhas, patos faziam uma barulhada engraçada. O galo, por exemplo, cantava às duas horas da madrugada! Passarinhos nos viveiros encantavam os hóspedes.

No pomar havia frutas para todos os gostos: bananas, uvas, goiabas, jabuticabas, laranjas, mamões, melancias, pêras... Num terreiro imenso havia quadra de tênis, campo de futebol e ciclovia, onde as pessoas caminhavam e as crianças e jovens andavam de patins e bicicletas. As flores, as mais bonitas, perfumadas e coloridas, eram bem tratadas e encantavam a todos.

— Isto aqui é um paraíso — disse Dr. Carlos, olhando as árvores seculares.

A esposa, Dona Nair, a filha Maria Helena e os netos Luís Gustavo e André, todos tiveram a mesma opinião.

Foi então que souberam que o hotel-fazenda ia fechar.

Dr. Carlos não podia acreditar:

— Fechar este paraíso? Não, nunca.

E o que fez?

Voltou à cidade, vendeu sua casa e seus apartamentos e comprou o hotel-fazenda, onde foi morar com a família.

— Sinto a presença de Deus aqui.

E ali viveram para sempre.

Reflexão: Jesus é nosso Caminho. Dr. Carlos sabia disso. Vendeu o que tinha e comprou o "Paraíso na Terra".

O PÃO DE JESUS

**18º DOMINGO
DO TEMPO COMUM
(Mt 14,13-21)**

Naquele tempo: ¹³Quando soube da morte de João Batista, Jesus partiu e foi de barco para um lugar deserto e afastado. Mas quando as multidões souberam disso, saíram das cidades e o seguiram a pé.
¹⁴Ao sair do barco, Jesus viu uma grande multidão. Encheu-se de compaixão por eles e curou os que estavam doentes.
¹⁵Ao entardecer, os discípulos aproximaram-se de Jesus e disseram: "Este lugar é deserto e a hora já está adiantada. Despede as multidões, para que possam ir aos povoados comprar comida!"
¹⁶Jesus porém lhes disse: "Eles não precisam ir embora. Dai-lhes vós mesmos de comer!" ¹⁷Os discípulos responderam: "Só temos aqui cinco pães e dois peixes". ¹⁸Jesus disse: "Trazei-os aqui".
¹⁹Jesus mandou que as multidões se sentassem na grama. Então pegou os cinco pães e os dois peixes, ergueu os olhos para o céu e pronunciou a bênção. Em seguida partiu os pães, e os deu aos discípulos. Os discípulos os distribuíram às multidões.
²⁰Todos comeram e ficaram satisfeitos, e, dos pedaços que sobraram, recolheram ainda doze cestos cheios. ²¹E os que haviam comido eram mais ou menos cinco mil homens, sem contar mulheres e crianças.

(Jogral)

Lado A:
Um dia Jesus partiu
para um lugar deserto;
a multidão atrás
seguindo-o de perto.

Lado B:
Na tardinha os apóstolos
a Jesus se achegaram.
Apóstolos:
"Já é tarde, Senhor,
e eles não se afastaram.
Este lugar é deserto:
despeça a multidão,
para que o povo faminto
possa comprar o pão".

Lado A:
Mas Jesus, muito tranquilo,
pôs-se logo a dizer:
"Eles não saem daqui,
dai-lhes vós de comer!"
E os apóstolos respondem:
"Dois peixes e cinco pães
é o que podemos arrumar.
A fome deste povo
não dá para matar".
Jesus diz:
"Tragam-me tudo aqui,
não vão se preocupar.
Dois peixes e cinco pães
bastam e vão sobrar".

Lado B:
Sentou-se em grande roda
a faminta multidão.
Jesus olhou para o céu
e fez sua oração.

Lado A:
Depois disse sua bênção
sobre a pobre comida.
E repartiu o pão
que era Pão da Vida.

Lado B:
Os apóstolos deram pão
à multidão faminta;
distribuíram peixe,
e a fome foi extinta.

Lado A:
Ficaram bem satisfeitos,
e muita comida sobrou.
Sempre sobra comida
lá onde o amor existe.

A TEMPESTADE

19º DOMINGO DO TEMPO COMUM
(Mt 14,22-33)

Depois da multiplicação dos pães, ²²Jesus mandou que os discípulos entrassem na barca e seguissem, à sua frente, para o outro lado do mar, enquanto ele despediria as multidões.

²³Depois de despedi-las, Jesus subiu ao monte, para orar a sós. A noite chegou, e Jesus continuava ali, sozinho.

²⁴A barca, porém, já longe da terra, era agitada pelas ondas, pois o vento era contrário. ²⁵Pelas três horas da manhã, Jesus veio até os discípulos, andando sobre o mar. ²⁶Quando os discípulos o avistaram, andando sobre o mar, ficaram apavorados, e disseram: "É um fantasma". E gritaram de medo.

²⁷Jesus, porém, logo lhes disse: "Coragem! Sou eu. Não tenhais medo!"

²⁸Então Pedro lhe disse: "Senhor, se és tu, manda-me ir ao teu encontro, caminhando sobre a água" ²⁹E Jesus respondeu: "Vem!" Pedro desceu da barca e começou a andar sobre a água, em direção a Jesus. ³⁰Mas, quando sentiu o vento, ficou com medo e, começando a afundar, gritou: "Senhor, salva-me!" ³¹Jesus logo estendeu a mão, segurou Pedro, e lhe disse: "Homem fraco na fé, por que duvidaste?"

³²Assim que subiram no barco, o vento se acalmou.

³³Os que estavam no barco prostraram-se diante dele, dizendo: "Verdadeiramente, tu és o Filho de Deus!"

(Teatro)

Personagens: Narrador, Jesus, Pedro, discípulos.
Caracterizações: Mantos para Jesus, Pedro e os demais apóstolos. Tiras verdes de papel crepom (floresta); tiras azuis (mar); tiras brancas (vento); e tiras marrons (barca).

Narrador: Depois da multiplicação dos pães, Jesus mandou que os discípulos entrassem na barca e seguissem a sua frente.
Jesus: Sigam em frente.

Narrador: Os apóstolos entraram na barca (crianças com tiras marrons) e navegaram no mar revolto (crianças com tiras azuis). O vento soprou (crianças com tiras brancas).

Jesus viu-os de longe porque rezava na floresta (crianças com tiras verdes).

Jesus veio até os discípulos andando sobre o mar.

Discípulos: É um fantasma!

Jesus: Coragem, sou eu! Não tenham medo!

Pedro: Senhor, se és tu, manda-me ir a teu encontro, caminhando sobre a água.

Jesus: Venha!

Narrador: Pedro desceu da barca e começou a andar sobre a água, em direção a Jesus. Mas, quando sentiu o vento, ficou com medo; começando a afundar, gritou:

Pedro: Senhor, salva-me!

Jesus: Homem fraco na fé, por que você duvidou?

Narrador: Jesus deu a mão a Pedro e andaram sobre o mar. E entraram na barca e todos os apóstolos se ajoelharam e gritaram:

— É ele! É Jesus, o salvador do mundo. Jesus soprou e a tempestade passou.

Apóstolos e Assembleia: Viva Jesus!

UM ATO HEROICO

**20º DOMINGO DO TEMPO COMUM
(Mt 15,21-28)**

Naquele tempo: [21]Jesus foi para a região de Tiro e Sidônia. [22]Eis que uma mulher cananeia, vindo daquela região, pôs-se a gritar: "Senhor, filho de Davi, tem piedade de mim: minha filha está cruelmente atormentada por um demônio!" [23]Mas Jesus não lhe respondeu palavra alguma. Então seus discípulos aproximaram-se e lhe pediram: "Manda embora essa mulher, pois ela vem gritando atrás de nós". [24]Jesus respondeu: "Eu fui enviado somente às ovelhas perdidas da casa de Israel". [25]Mas, a mulher, aproximando-se, prostrou-se diante de Jesus, e começou a implorar: "Senhor, socorre-me!" [26]Jesus lhe disse: "Não fica bem tirar o pão dos filhos para jogá-lo aos cachorrinhos". [27]A mulher insistiu: "É verdade, Senhor; mas os cachorrinhos também comem as migalhas que caem da mesa de seus donos!" [28]Diante disso, Jesus lhe disse: "Mulher, grande é tua fé! Seja feito como tu queres!" E desde esse momento sua filha ficou curada.

(A história é verdadeira e se passou nos Estados Unidos há pouco tempo.)

— Eu gosto tanto de você, tia Beth! Você conversa comigo, conta-me coisas interessantes, canta para mim e sabe contar estórias.

— Eu também a amo do fundo de meu coração, Bárbara.

Quase todos os dias, tia e sobrinha repetiam essas frases de carinho.

Certa vez, tia Beth teve de fazer uma viagem curta. Ia pilotando o avião da fazenda e convidou a sobrinha para ir junto.

— Que maravilha! Gosto tanto de viajar de avião...

E lá se foram as duas por entre nuvens enormes e pesadas. Embaixo montanhas verdes, animais pastando, rios correndo, inúmeras estradas e casinhas coloridas que do alto pareciam ser de brinquedo.

Bárbara, feliz, batia palmas!

Num dado momento, a fisionomia de tia Beth revelou preocupação.

— Que foi, tia Beth?
— Vamos descer!

A senhora, com muita habilidade, conseguiu controlar o avião e foram descendo... descendo.

— Segure-se bem, Bárbara! Vou parar ali naquele campo.

A batida foi feia! Tia Beth perdeu os sentidos... Bárbara, bem machucada, viu que sua grande amiga estava presa nas ferragens.

Com muito esforço, Bárbara conseguiu arrastar sua tia para longe no justo momento em que o avião explodia.

A menina de oito anos, ferida e muito cansada pelo esforço que fizera, abraçou a tia e desmaiou.

Quando voltou a si, estava num hospital tendo ao lado em outra cama a boa amiga: Tia Beth!

— Bárbara querida, você me salvou a vida. Se não fosse você eu teria ficado presa no avião que se incendiou.

— Oh! Como estou feliz! Consegui fazer alguma coisa por minha maior amiga. Mas sabe, tia Beth, eu faria a mesma coisa por qualquer pessoa. Ajudar as pessoas nos faz felizes e nos aproxima de Deus!

Reflexão: Bárbara nos ensina que ajudar os outros nos faz mais felizes...

ASSUNÇÃO DE MARIA

ASSUNÇÃO DE NOSSA SENHORA
(Lc 1,39-56)

³⁹Naqueles dias, Maria partiu para a região montanhosa, dirigindo-se, apressadamente, a uma cidade da Judeia.

⁴⁰Entrou na casa de Zacarias e cumprimentou Isabel.

⁴¹Quando Isabel ouviu a saudação de Maria, a criança pulou em seu ventre e Isabel ficou cheia do Espírito Santo. ⁴²Com um grande grito, exclamou: "Bendita és tu entre as mulheres e bendito é o fruto do teu ventre!" ⁴³Como posso merecer que a mãe do meu Senhor me venha visitar? ⁴⁴Logo que tua saudação chegou a meus ouvidos, a criança pulou de alegria em meu ventre. ⁴⁵Bem-aventurada aquela que acreditou, porque será cumprido o que o Senhor lhe prometeu".

⁴⁶Então Maria disse: "Minha alma engrandece o Senhor, ⁴⁷e meu espírito se alegra em Deus, meu Salvador, ⁴⁸porque olhou para a humildade de sua serva. Doravante todas as gerações me chamarão bem-aventurada, ⁴⁹porque o Todo-poderoso fez grandes coisas em meu favor. Seu nome é santo, ⁵⁰e sua misericórdia se estende, de geração em geração, a todos os que o respeitam.

⁵¹Ele mostrou a força de seu braço: dispersou os soberbos de coração. ⁵²Derrubou do trono os poderosos e elevou os humildes. ⁵³Encheu de bens os famintos, e despediu os ricos de mãos vazias.

⁵⁴Socorreu Israel, seu servo, lembrando-se de sua misericórdia, ⁵⁵conforme prometera aos nossos pais, em favor de Abraão e de sua descendência, para sempre".

⁵⁶Maria ficou três meses com Isabel; depois voltou para casa.

(Jogral)

Maria foi para o céu
de corpo e alma: inteira!
Maria, em sua glória,
subiu desta maneira.
E isto aconteceu
num dia lindo, radiante.
Nos braços de Jesus
chegou triunfante.

Uma voz: Por que, por que foi assim?

Todos:
Porque Maria, perfeita,
foi pura, sem pecado,
filha de Deus eleita.
Maria, nossa estrela,
linda, humilde e bondosa,
Maria, Mãe de Jesus,
cheia de luz, radiosa!
Neste seu dia de glória,
nós vamos coroar
nossa Mãe do céu,
que está a nos olhar.

(Entram crianças com pétalas de rosas e uma coroa, cantando. Ao ser coroada a imagem, toca-se música suave. A seguir, 4 crianças falam).

1ª criança: Ave, Maria, nossa esperança, a proteção de cada criança!

2ª criança: Ave, Maria, Imaculada, luz sempre certa em nossa estrada!

3ª criança: Guia do povo, suave flor, recebe, ó Mãe, nosso amor!

4ª criança: Zela por nós, Rainha da paz! Nós te amaremos cada vez mais!

DIRETOR PERFEITO

**21º DOMINGO DO TEMPO COMUM
(Mt 16,13-20)**

Naquele tempo: [13]Jesus foi à região de Cesareia de Filipe e ali perguntou a seus discípulos: "Quem dizem os homens ser o Filho do Homem?"
[14]Eles responderam: "Alguns dizem que é João Batista; outros que é Elias; outros ainda, que é Jeremias ou algum dos profetas".
[15]Então Jesus lhes perguntou: "E vós, quem dizeis que eu sou?" [16]Simão Pedro respondeu: "Tu és o Messias, o Filho do Deus vivo".
[17]Respondendo, Jesus lhe disse: "Feliz és tu, Simão, filho de Jonas, porque não foi um ser humano que te revelou isso, mas meu Pai que está no céu. [18]Por isso eu te digo que tu és Pedro, e sobre esta pedra construirei minha Igreja, e o poder do inferno nunca poderá vencê-la. [19]Eu te darei as chaves do Reino dos Céus: tudo o que tu ligares na terra será ligado nos céus; tudo o que tu desligares na terra será desligado nos céus".
[20]Jesus, então, ordenou aos discípulos que não dissessem a ninguém que ele era o Messias.

No grande hospital, cheio de doentes esperando para serem operados, o novo diretor estava sendo esperado. Médico perfeito e dedicado, chegou na hora marcada. Era alto, bonito, olhos grandes e fisionomia serena.

— Bom dia, colegas!

— Bom dia, doutor!

E não disse mais nada...

Dirigiu-se à sala de cirurgia, onde operavam um estômago.

Depressa, lavou as mãos, colocou o uniforme limpo, a máscara necessária e as luvas e ele mesmo operou o doente.

Foi uma linda operação!

Depois foi visitar a sala dos queimados, onde assistiu o trabalho de todos ajudando-os no que era necessário.

Nas outras enfermarias, aconteceu o mesmo: auxiliava a todos. Às vezes como cirurgião, outras como enfermeiro.

Ao anoitecer, o médico foi visitar e se apresentar aos colegas.

— Boa noite. Que dizem vocês a meu respeito?

— Alguns dizem que o senhor é um maravilhoso cirurgião.

— Outros falam que o senhor é um especialista em queimaduras.

— Outros dizem que o senhor é o melhor enfermeiro que existe.

— E você? — perguntou o médico ao colega que nada falara.

— O senhor é tudo isso, mas é muito mais. Para mim o senhor é o Ministro da Saúde. Igual ao senhor, não há. Sabe tudo.

— Sim, amigo e colega. Eu não sou o diretor que vocês estão esperando. Sou realmente o Ministro da Saúde. E você, amigo e colega Pedro, você foi o escolhido por mim, para ser o novo diretor.

— Eu?

— Sim, você. Rapidinho aprendi a confiar em você. O que você fizer no hospital será aceito por mim. Se precisar de mim, vá a Brasília falar comigo. As passagens de avião ficam por nossa conta. Li sua ficha. Você é completo.

O ministro pediu aos colegas que não dissessem a ninguém quem ele era.

Voltou feliz! Sabia que Dr. Pedro seria um diretor perfeito!

Reflexão: O médico perfeito seguiu sempre os passos de Jesus. Ele era realmente o Ministro da Saúde, mas não queria que ninguém soubesse disso. Assim fez Jesus. Ele era o Filho de Deus! Preferiu, porém, guardar segredo.

CECÍLIA, A BAILARINA

22º DOMINGO DO TEMPO COMUM (Mt 16,21-27)

Naquele tempo: ²¹Jesus começou a mostrar a seus discípulos que devia ir a Jerusalém e sofrer muito da parte dos anciãos, dos sumos sacerdotes e dos mestres da Lei, e que devia ser morto e ressuscitar no terceiro dia. ²²Então Pedro tomou Jesus à parte e começou a repreendê-lo, dizendo: "Deus não permita tal coisa, Senhor! Que isto nunca te aconteça!" ²³Jesus, porém, voltou-se para Pedro, e disse: "Vai para longe, Satanás! Tu és para mim uma pedra de tropeço, porque não pensas as coisas de Deus, mas sim as coisas dos homens!" ²⁴Então Jesus disse aos discípulos: "Se alguém quer me seguir, renuncie a si mesmo, tome sua cruz e me siga. ²⁵Pois quem quiser salvar sua vida vai perdê-la; e quem perder sua vida por causa de mim vai encontrá-la. ²⁶De fato, que adianta ao homem ganhar o mundo inteiro, mas perder a sua vida? O que poderá alguém dar em troca de sua vida? ²⁷Porque o Filho do Homem virá na glória de seu Pai, com seus anjos, e então retribuirá a cada um de acordo com sua conduta.

Enquanto Dona Laura trabalhava fora de casa, deixava sua filha Cecília, de oito anos, tomar conta dos dois irmãozinhos. Cecília tinha uma vida cansativa, mas nunca se queixava. Um dia, viu no jornal do vizinho este anúncio: "Você quer ser bailarina? Venha ao Teatro Municipal. Idade: Oito anos".

Ser bailarina era o que ela sonhava. Mas como fazer? Naquela noite conversou muito com sua mãe.
— Mãe, posso tentar fazer o curso de bailarina?
— Bailarina? Não, filha, é impossível. Não tenho dinheiro para a matrícula, nem para colocar seus irmãos na creche.
— Mãezinha, eu posso tentar?
— Tentar o quê?
— Resolver esses dois problemas...
— Você não vai conseguir...
No dia seguinte, Cecília foi à igreja e conseguiu do Padre Abílio vagas para os irmãos na creche, que funcionava das 8 horas da manhã às 5 horas da tarde.
Um dos problemas estava resolvido.
No outro dia foi ao Teatro Municipal, e a Diretora da Escolinha, após uma hora de exame, declarou:
— Você realmente nasceu para ser bailarina. Amanhã, às nove horas em ponto, esteja aqui, com suas sapatilhas.
— Não tenho sapatilhas, senhora, sou muito pobre...
— Não chore. Vou arranjar-lhe um par de sapatilhas.
— O-bri-ga-da...
— Olhe. A carreira de dançarina é difícil: muitas horas de treino...
— Trei-na-rei, senhora!
— Outra coisa, seus pezinhos vão doer, ferir, podem até sangrar.
— Sim, senhora!
E Cecília começou sua carreira.
Hoje é uma linda bailarina muito aplaudida. Venceu todas as dificuldades!

Reflexão: Cecília sofreu muito para realizar seu sonho, mas Jesus sofreu muito mais, porque deu a vida por nós.

PATINHA PETÚNIA

23º DOMINGO DO TEMPO COMUM
(Mt 18,15-20)

Naquele tempo, Jesus disse a seus discípulos: ¹⁵"Se teu irmão pecar contra ti, vai corrigi-lo, mas em particular, à sós contigo! Se ele te ouvir, tu ganhaste teu irmão. ¹⁶Se ele não te ouvir, toma contigo mais uma ou duas pessoas, para que toda a questão seja decidida sob a palavra de duas ou três testemunhas. ¹⁷Se ele não vos der ouvido, dize-o à Igreja. Se nem mesmo à Igreja ele ouvir, seja tratado como se fosse um pagão ou um pecador público.

¹⁸Em verdade vos digo, tudo o que ligardes na terra será ligado no céu, e tudo o que desligardes na terra será desligado no céu. ¹⁹De novo, eu vos digo: se dois de vós estiverem de acordo na terra sobre qualquer coisa que quiserem pedir, isto lhes será concedido por meu Pai que está nos céus. ²⁰Pois, onde dois ou três estiverem reunidos em meu nome, eu estou aí, no meio deles".

Era uma vez uma patinha muito esquecida. Sua mãe — Dona Patolina — lhe ensinara a levantar a patinha direita para dizer: "Bom dia"; a patinha esquerda, para dizer: "Boa noite"; balançar a cabecinha, para dizer: "Sim ou não"; e abrir as asinhas, para representar o "muito obrigado". Só que Petúnia esquecia-se de tudo. Dona Patolina chamava-a a um canto do jardim onde moravam e, sozinha com a filha, repetia a lição. Mas era em vão: Petúnia esquecia tudo. Dona Patolina então resolveu falar com sua filhinha na frente de Dom Patão. Mais uma vez foi em vão. Petúnia tinha mesmo "cabecinha dura".

Dona Patolina chamou as borboletas, as pererecas, as abelhinhas, os passarinhos e, na frente de toda a comunidade, repetiu a lição. Entretanto, foi em vão.

Preocupada, Dona Patolina colocou um lacinho de fita cor-de-rosa na cabeça de Petúnia, dizendo-lhe: "Não se esqueça de fazer 'quá, quá', quando estiver em perigo".

Petúnia esticou tanto o pescoço que não coube, seu retrato, numa folha de papel.

— "Quá, quá, quá!"

E lá se foi Petúnia de lacinho na cabeça e pescoço espichado, toda prosa.

De repente, apareceu um lobo. Petúnia correu, mas, ao passar por baixo da árvore, deixou preso seu lacinho de fita cor-de-rosa.

O lobo se aproximava.

Petúnia corria.

E o quá, quá? Não é que Petúnia esqueceu!

Desesperada, ela voltou até a árvore e com o bico puxou a fita. Na mesma hora gritou: "Quá-Quá-Quá".

Os passarinhos, as borboletas, as pererecas, as abelhinhas rodeavam Petúnia, tentando protegê-la do lobo.

A mãe, ao longe, ouviu o "quá, quá" de Petúnia e correu em direção ao lobo mau que, apavorado, fugiu.

Foi uma grande lição para Petúnia, que nunca mais esqueceu as lições de Dona Patolina.

Reflexão: Jesus nos ensina que só devemos repreender as pessoas em particular. Se não der resultado, arranjamos uma testemunha. Se persistir o fato, pedimos ajuda à comunidade. Foi isso que aconteceu com Petúnia, e a história teve um final feliz.

PERDÃO PARA O PICA-PAU

24º DOMINGO DO TEMPO COMUM
(Mt 18,21-35)

Naquele tempo: ²¹Pedro aproximou-se de Jesus e perguntou: "Senhor, quantas vezes devo perdoar, se meu irmão pecar contra mim? Até sete vezes?"
²²Jesus respondeu: "Não te digo até sete vezes, mas até setenta vezes sete. ²³Porque o Reino dos Céus é como um rei que resolveu acertar as contas com seus empregados. ²⁴Quando começou o acerto, levaram-lhe um que lhe devia uma enorme fortuna. ²⁵Como o empregado não tivesse com que pagar, o patrão mandou que fosse vendido como escravo, junto com a mulher e os filhos e tudo o que possuía, para que pagasse a dívida. ²⁶O empregado, porém, caiu aos pés do patrão, e, prostrado, suplicava: 'Dá-me um prazo! E eu te pagarei tudo'. ²⁷Diante disso, o patrão teve compaixão, soltou o empregado e perdoou-lhe a dívida.

²⁸Ao sair dali, aquele empregado encontrou um de seus companheiros que lhe devia apenas cem moedas. Ele o agarrou e começou a sufocá-lo, dizendo: 'Paga o que me deves'. ²⁹O companheiro, caindo a seus pés, suplicava: 'Dá-me um prazo! e eu te pagarei'. ³⁰Mas o empregado não quis saber disso. Saiu e mandou jogá-lo na prisão, até que pagasse o que devia.

³¹Vendo o que havia acontecido, os outros empregados ficaram muito tristes, procuraram o patrão e lhe contaram tudo. ³²Então o patrão mandou chamá-lo e lhe disse: 'Empregado perverso, eu te perdoei toda a tua dívida, porque tu me suplicaste. ³³Não devias tu também ter compaixão de teu companheiro, como eu tive compaixão de ti?'

³⁴O patrão indignou-se e mandou entregar aquele empregado aos torturadores, até que pagasse toda a sua dívida.

³⁵É assim que meu Pai que está nos céus fará convosco, se cada um não perdoar de coração ao seu irmão".

Um Pica-pau engraçado e irritado vivia fazendo tá-tá-tá-tá-tá--tá-tá em toda a floresta. Certa vez, começou a picar uma árvore com seu tá-tá. A árvore linda e secular muito verde e muito grande, irritou-se:
— Pare com isto, Pica-pau. Você está me irritando. Quero descansar e assim, com esse barulho, não posso.
O Pica-pau não obedeceu e continuou: tá-tá-tá-tá-tá-tá-tá... A árvore que era de paz, falou então:
— Já que você quer assim, tudo bem. Eu perdoo você.
Acontece que, na árvore, viviam muitos passarinhos que reagiram.
— Pare com isto! Que tá-tá-tá enjoado!
O Pica-pau não ligou ao que os passarinhos diziam e continuou com seu tá-tá-tá-tá-tá. Os passarinhos desanimados gorjearam:
— Já que você quer assim, tudo bem. Nós perdoamos você.
E ele continuou seu tá-tá-tá. A coruja que dormia, acordou.
— Pare com isto! Eu quero dormir.
Não havia jeito de o pássaro parar. A coruja resolveu dormir e colocou algodão nos ouvidos.
— Já que você quer assim, tudo bem. Eu perdoo você.
A Brisa que soprava também reclamou:
— Pare com isto.
Ele parou? Não, nunquinha. E a brisa o perdoou... E reclamaram as abelhas, as borboletas, as joaninhas, os caracóis, os louva-a-deus, os camaleões, as centopeias, as libélulas. E ele parou?
Qual nada! Continuou a picar e a fazer tá-tá-tá-tá-tá-tá-tá.
E todos o perdoaram: ele era Pica-pau e todo Pica-pau que se preza faz tá-tá-tá-tá-tá-tá-tá...

Reflexão: Jesus quer que perdoemos setenta vezes sete, isto é, sempre. O Pica-Pau foi perdoado muitas vezes e continuou seu "tá-tá-tá-tá-tá". Ele só sabe fazer isso. Assim, seguindo a palavra de Deus, nós devemos perdoar.

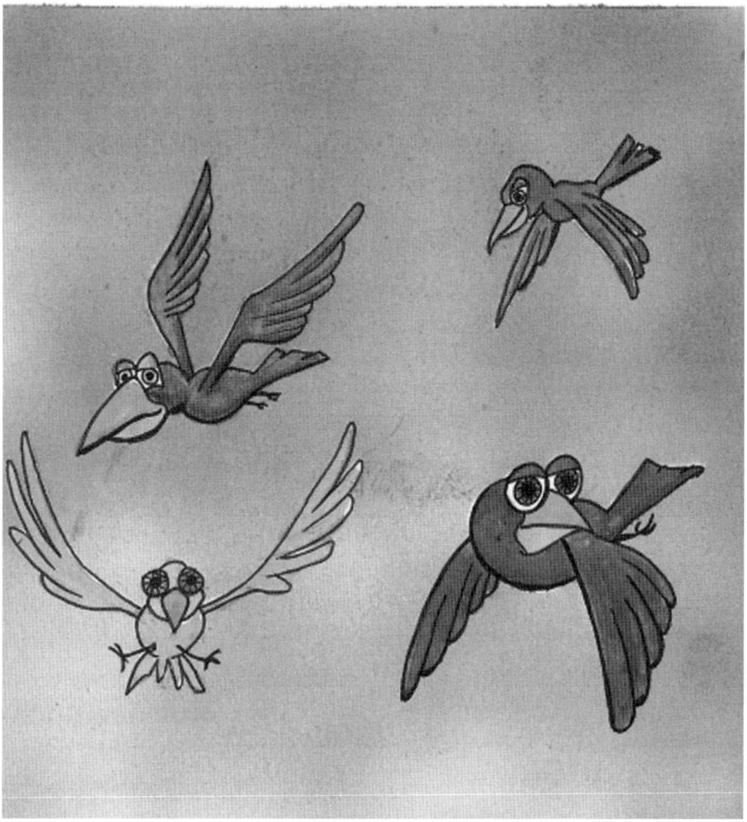

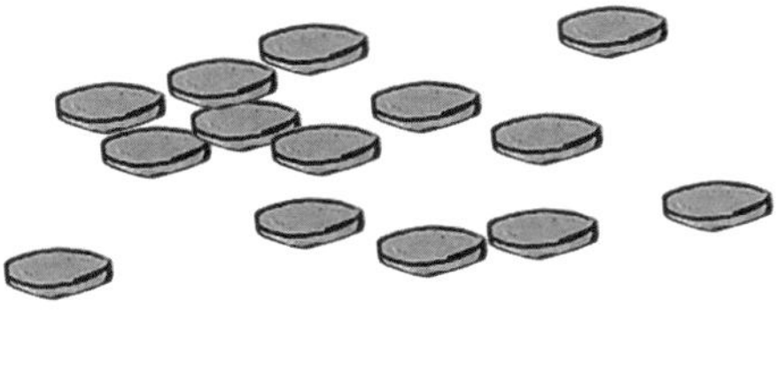

(Jogral)

Voz:
Prestaram atenção ao Evangelho?
O que disse certo dia
Pedro ao amigo Jesus,
que a seu lado sorria?

Crianças:
Pedro queria saber
a respeito do perdão:
Quantas vezes perdoar?
Sete vezes? Sim ou não?

Voz:
É o que respondeu Jesus,
com carinho e bondade,
à pergunta do amigo,
que tinha curiosidade?

Crianças:
Perdoar o que nos fazem?
Muitas vezes! Mais de sete!
Perdoar, sim, sem cansar,
perdoar setenta vezes sete.

Voz:
Qual a história, amiguinhos,
que Jesus contou então
para explicar a importância
que tem nosso perdão?

1ª criança:
Certa vez um empregado,
que devia ao senhor seu rei,
ajoelhou-se prometendo:
"Brevemente eu pagarei".

2ª criança:
Devia grande quantia...,
mas o rei era bondoso,
ficou com pena do homem,
que tremia de nervoso.

1ª criança:
Ao se ver livre, porém,
o homem ficou valente.
Mandou prender um amigo:
Ele me deve! É má gente!

2ª criança:
O rei soube do fato
e mandou o homem buscar.
Ele fora perdoado,
mas não quisera perdoar.

1ª criança:
E durante muito tempo
ele ficou na prisão,
até que pagou a dívida
e ficou livre então.

Voz:
Depois desta parábola,
que disse Jesus então?
Vocês sabem, amiguinhos?
Não esqueceram, pois não?

Crianças:
Vamos dizer todos juntos
o que o Pai do Céu ensinou:
"O perdão nos dá alegria,
feliz de quem perdoou!"

IMPORTANTE É O AMOR

25º DOMINGO DO TEMPO COMUM
(Mt 20,1-16a)

Naquele tempo: Jesus contou esta parábola a seus discípulos: ¹"O Reino dos Céus é como a história do patrão que saiu de madrugada para contratar trabalhadores para sua vinha. ²Combinou com os trabalhadores uma moeda de prata por dia, e os mandou para a vinha.

³Às nove horas da manhã, o patrão saiu de novo, viu outros que estavam na praça, desocupados, ⁴e lhes disse: 'Ide também vós para minha vinha! E eu vos pagarei o que for justo'. ⁵E eles foram. O patrão saiu de novo ao meio-dia e às três horas da tarde, e fez a mesma coisa.

⁶Saindo outra vez pelas cinco horas da tarde, encontrou outros que estavam na praça, e lhes disse: 'Por que estais aí o dia inteiro desocupados?' ⁷Eles responderam: 'Porque ninguém nos contratou'. O patrão lhes disse: 'Ide vós também para minha vinha'.

⁸Quando chegou a tarde, o patrão disse ao administrador: 'Chama os trabalhadores e paga-lhes uma diária a todos, começando pelos últimos até os primeiros!'

⁹Vieram os que tinham sido contratados às cinco da tarde e cada um recebeu uma moeda de prata. ¹⁰Em seguida vieram os que foram contratados primeiro, e pensavam que iam receber mais. Cada um deles, porém, também recebeu uma moeda de prata.

¹¹Ao receberem o pagamento, começaram a resmungar contra o patrão: ¹²'Estes últimos trabalharam uma hora só, e tu os igualaste a nós, que suportamos o cansaço e o calor o dia inteiro'. ¹³Então o patrão disse a um deles: 'Amigo, eu não fui injusto contigo. Não combinamos uma moeda de prata? ¹⁴Toma o que é teu e volta para casa! Eu quero dar a este que foi contratado por último o mesmo que dei a ti. ¹⁵Por acaso não tenho o direito de fazer o que quero com aquilo que me pertence? Ou estás com inveja, porque estou sendo bom?'

¹⁶ªAssim, os últimos serão os primeiros, e os primeiros serão os últimos".

Dona Rosinha amanheceu com muita febre, o corpo mole, dor de cabeça fortíssima.
— Ritinha, você pode me ajudar.
— Em que, mãe?
— Você faz o café, esquenta o leite, põe a mesa, varre a casa, tira a poeira e prepara aquele macarrão que eu lhe ensinei?
— No alho e óleo?
— Sim. À hora do almoço, você, prepara um ovo para cada um.
— Tudo bem, mãe.
— À noite, você vai receber cinco bombons de licor da caixa que ganhar de meu afilhado.
— Oba! Legal! Os bombons são deliciosos...
Na hora do almoço, Regina chegou da escola.
— Minha filha, você ajuda Rosinha. Estou muito gripada.
— Vou ajudar sim, mãe.
Regina e Ritinha almoçaram e lavaram a louça. Depois, Ritinha esfregou algumas peças de roupa, enquanto Regina passava as que já estavam secas.
Ao anoitecer, chegou Renata, que logo se ofereceu:
— Vou comprar pão para a ceia.
Renata, ao chegar da padaria, coou o café, tomou-o com as irmãs e preparou um caldinho de batatas para a mãe.
— Estou satisfeita com vocês. Que boas filhas eu tenho!
Dona Rosinha apanhou sua linda caixa de bombons de licor e entregou cinco para cada uma das meninas.
— Nada disso, mãe, eu trabalhei o dia todo! Regina, só a parte da tarde; e Renata, ao anoitecer. Como vão receber o mesmo que eu? — Reclamou Ritinha.
— O combinado não foram cinco bombons?
— Sim, mãe, mas as outras não fizeram o que eu fiz...
— Eu não estou prejudicando você. Acontece que suas irmãs fizeram também o que lhes cabia, com boa vontade, portanto, merecem os cinco bombons do mesmo jeito. O importante não é o tempo que você gasta, mas o amor que se demonstra.
Beijando a mãe, Ritinha falou:
— Desculpe-me, a senhora está com toda a razão.

Reflexão: O importante não é o tempo que se gasta, mas sim o amor que se demonstra na ajuda ao próximo.

O "SÁBIO" MACACO PIRULIM

**26º DOMINGO
DO TEMPO COMUM
(Mt 21,28-32)**

Naquele tempo, Jesus disse aos sacerdotes e anciãos do povo: 28"Que vos parece?
Um homem tinha dois filhos. Dirigindo-se ao primeiro, ele disse: 'Filho, vai trabalhar hoje na minha vinha!'
29O filho respondeu: 'Não quero'. Mas depois mudou de opinião e foi.
30O pai dirigiu-se ao outro filho e disse a mesma coisa. Este respondeu: 'Sim, senhor, eu vou'. Mas não foi.
31Qual dos dois fez a vontade do pai?"
Os sumos sacerdotes e anciãos do povo responderam: "O primeiro".
Então Jesus lhes disse: "Em verdade vos digo que os cobradores de impostos e as prostitutas vos precedem no Reino de Deus.
32Porque João veio até vós, num caminho de justiça, e vós não acreditastes nele. Ao contrário, os cobradores de impostos e as prostitutas creram nele. Vós, porém, mesmo vendo isso, não vos arrependestes para crer nele".

Falava o Sr. Quincas para seu filho Zeca, de onze anos:
— Filho, este é o livro da sabedoria. É a Bíblia. Se você ler todos os dias um trecho nela contido, pensar nele e seguir seus ensinamentos você será sábio e deverá ser feliz.
Zeca apanhou a Bíblia e colocou-a em cima da mesa.
O macaco Pirulim olhava atentamente da janela e, assim que pai e filho se retiraram da sala, ele deu um pulo de onde estava para dentro de casa, apanhou a Bíblia, colocou-a embaixo do braço e saiu assobiando:

— Firifim... fim...! Eu sou sábio. Eu tenho uma Bíblia.
— Miau! — miou o gato, estou com fome.
— Au, au! Quero meu almoço — latiu o cachorro.

O "sábio" macaco Pirulim apanhou as vasilhas de Mimi e Rex. Só que as trocou e... Mimi não conseguiu roer o osso, nem Rex quis beber o leite. Passaram fome...

— Ai... que dor de dente! — relinchou o cavalo Relâmpago.
— Deixe-me ver — falou Pirulim — Abra a boca! Hum... Vou ter de arrancar seus dentes. Assim, eles não doerão mais.

O cavalo Relâmpago, apavorado, fugiu para longe.

— Eu sou "sábio". Eu tenho a Bíblia — repetia Pirulim. E continuou a fazer só coisas erradas: deu banho de sabão de coco nas galinhas que ficaram doentes, amarrou uma tábua na perna da vaca que mancava e ela mugiu desesperada. E começou a arrancar as penas do papagaio que reclamava berrando:

— Currupaco, largue minhas penas, seu bobo!

Todos os bichos da chácara repetiram: Bobo! Bobo!

Pirulim estava espantado.

— Por que não fiquei sábio?

Zangado, atirou a Bíblia no jardim e ela caiu aberta. A-ber-ta!

Pirulim olhou atentamente e viu as palavras escritas e não entendeu nada!

Zeca, que voltava da escola, ria muito de Pirulim.

— Você pensava que se tornaria sábio porque possuía uma Bíblia? Ora, Pirulim! Não adianta ter a Bíblia. É preciso ler a Bíblia para ganhar sabedoria...

Pirulim saiu correndo e foi refugiar-se no alto da mangueira, muito sem graça...

Reflexão: Não adianta ter uma Bíblia.
O importante é ler a Bíblia!

AO OUTRO
O QUE É DO OUTRO

27º DOMINGO DO TEMPO COMUM
(Mt 21,33-43)

Naquele tempo, Jesus disse aos sumos sacerdotes e aos anciãos do povo: ³³"Escutai esta outra parábola: Certo proprietário plantou uma vinha, pôs uma cerca em volta, fez nela um lagar para esmagar as uvas e construiu uma torre de guarda. Depois arrendou-a a vinhateiros, e viajou para o estrangeiro.

³⁴Quando chegou o tempo da colheita, o proprietário mandou seus empregados aos vinhateiros para receber seus frutos. ³⁵Os vinhateiros, porém, agarraram os empregados, espancaram a um, mataram a outro, e ao terceiro apedrejaram.

³⁶O proprietário mandou de novo outros empregados, em maior número do que os primeiros. Mas eles os trataram da mesma forma.

³⁷Finalmente, o proprietário enviou-lhes seu filho, pensando: 'A meu filho eles vão respeitar'. ³⁸Os vinhateiros, porém, ao verem o filho, disseram entre si: 'Este é o herdeiro. Vinde, vamos matá-lo e tomar posse de sua herança!' ³⁹Então agarraram o filho, jogaram-no para fora da vinha e o mataram.

⁴⁰Pois bem, quando o dono da vinha voltar, o que fará com esses vinhateiros?" ⁴¹Os sumos sacerdotes e os anciãos do povo responderam: "Com certeza mandará matar de modo violento esses perversos e arrendará a vinha a outros vinhateiros, que lhe entregarão os frutos no tempo certo".

⁴²Então Jesus lhes disse: "Vós nunca lestes nas Escrituras: 'A pedra que os construtores rejeitaram tornou-se a pedra angular; isto foi feito pelo Senhor e é maravilhoso aos nossos olhos?' ⁴³Por isso eu vos digo: 'o Reino de Deus vos será tirado e será entregue a um povo que produzirá frutos'".

Celso ia viajar com os pais e irmãos. Passaria três meses fora. O menino estava preocupado:

— Que farei com Flor? Quem tratará dela? Quem lhe dará comida? Quem a levará para passear? Quem escovará seu pelo? Minha cachorrinha não pode ficar abandonada...

Celso lembrou-se nesse momento de Félix, seu vizinho, e correu para sua casa.

— Félix! Félix! Você pode ficar algum tempo com minha cachorrinha Flor? Vou viajar e...

— Claro! Cuidarei bem dela.

Dito e feito! Félix dedicou-se inteiramente ao animalzinho, que não o largava um minuto, pulando, latindo, dormindo a seus pés!

Quando Celso voltou de viagem, pediu ao irmão caçula que fosse à casa de Félix buscar Flor.

— Ora. Vá embora, garoto! Não entrego Flor. Ela é minha, agora — respondeu Félix, zangado.

Celso acabou o que estava fazendo e ele mesmo foi buscar a cachorrinha, que, ao vê-lo, pulou para seu colo e lambeu-lhe o rosto.

— Vou levá-la, Félix. Ela é minha. Você tratou muito bem de Flor, mas isso não lhe dá o direito de posse.

— Obrigado pelo que fez, mas quando viajar novamente vou deixá-la com Tonico que, com certeza, não irá reagir como você. Que pena, Félix!

Reflexão: Você reagiria como Félix? Tomar conta dá o direito de posse?

QUEM FOI AO VENTO PERDEU O ASSENTO

28º DOMINGO DO TEMPO COMUM
(Mt 22,1-14)

Naquele tempo: ¹Jesus voltou a falar em parábolas aos sumos sacerdotes e aos anciãos do povo, ²dizendo: "O Reino dos céus é como a história do rei que preparou a festa de casamento de seu filho. ³E mandou seus empregados para chamar os convidados para a festa, mas estes não quiseram vir.

⁴O rei mandou outros empregados, dizendo: 'Dizei aos convidados: já preparei o banquete, os bois e os animais cevados já foram abatidos e tudo está pronto. Vinde para a festa!' ⁵Mas os convidados não deram a menor atenção: um foi para seu campo, outro para seus negócios, ⁶outros agarraram os empregados, bateram neles e os mataram.

⁷O rei ficou indignado e mandou suas tropas para matar aqueles assassinos e incendiar a cidade deles.

⁸Em seguida, o rei disse aos empregados: 'A festa de casamento está pronta, mas os convidados não foram dignos dela. ⁹Portanto, ide até às encruzilhadas dos caminhos e convidai para a festa todos os que encontrardes'.

¹⁰Então os empregados saíram pelos caminhos e reuniram todos os que encontraram, maus e bons. E a sala da festa ficou cheia de convidados.

¹¹Quando o rei entrou para ver os convidados, observou aí um homem que não estava usando traje de festa ¹²e perguntou-lhe: 'Amigo, como entraste aqui sem o traje de festa?' Mas o homem nada respondeu. ¹³Então o rei disse aos que serviam: 'Amarrai os pés e as mãos desse homem e jogai-o fora, na escuridão! Aí haverá choro e ranger de dentes'.

¹⁴Porque muitos são chamados, e poucos são escolhidos".

Dona Carochinha estava feliz: seus filhos faziam anos... Eles tinham nascido... todos juntos!

Dona Carochinha, bem-enrugadinha, encomendara um banquete especial. Reuniria em sua velha e grande casa os filhos queridos: Chapeuzinho Vermelho, Bela Adormecida, Branca de Neve e os Sete Anões, Rapunzel e suas tranças, Pequeno Polegar...

Dona Carochinha arrumou a mesa ao ar livre, embaixo das grandes mangueiras. Estava muito feliz e esperava os queridos convidados.

Coitada de Dona Carochinha: as horas passavam e ninguém apareceu. Ninguém!

Chapeuzinho Vermelho fora passear sozinha, desobedecendo as ordens recebidas; Bela Adormecida preferiu andar a cavalo com o Príncipe Encantado; Branca de Neve fora à mina de carvão com os Sete Anões; Rapunzel não podia deixar de pentear suas tranças lá da janela da torre; e o Pequeno Polegar saíra para nova aventura.

Ninguém achou tempo para ir ao banquete.

Dona Carochinha derramou muitas lágrimas!

— Não adianta ficar triste, eles foram convidados e não quiseram vir.

— Paciência! As coisas têm o valor que nós damos.

A bondosa velhinha, de repente, teve uma ideia: saiu em direção ao morro e foi subindo devagar.

Para todas as crianças que encontrava, fazia a mesma pergunta:

— Querem almoçar comigo?

Não é preciso contar a alegria dos pequeninos.

Em pouco tempo Dona Carochinha estava de volta com um bando de meninos e meninas que não cabiam em si de contentes.

Dona Carochinha fez uma oração de agradecimento a Deus e todos responderam: Amém!

Depois serviu aos novos amigos salada, arroz, feijão, carne e bolinhos de batata.

— Que delícia! gritaram em coro. Viva Dona Carochinha!

A enrugadinha senhora sentiu-se feliz, mas não muito, porque outros não aceitaram seu convite.

Reflexão: Dona Carochinha convidou seus filhos, Chapeuzinho Vermelho, Bela Adormecida, Branca de Neve, Rapunzel, Pequeno Polegar para festejar o aniversário de todos e preparou um excelente banquete.

Nenhum deles compareceu...

Outros convidados não faltaram: um bando de crianças, que ficaram felicíssimas. Dona Carochinha ficou também feliz, mas não muito. Sentiu falta dos filhos...

Nunca devemos dar essa tristeza a Jesus: sermos convidados por ele para o seguir e dele nos afastarmos...

DEUS E CÉSAR

29º DOMINGO DO TEMPO COMUM
(Mt 22,15-21)

Naquele tempo: ¹⁵Os fariseus fizeram um plano para apanhar Jesus em alguma palavra. ¹⁶Então mandaram seus discípulos, junto com alguns do partido de Herodes, para dizerem a Jesus: "Mestre, sabemos que és verdadeiro e que, de fato, ensinas o caminho de Deus. Não te deixas influenciar pela opinião dos outros, pois não julgas um homem pelas aparências. ¹⁷Dize-nos, pois, o que pensas: É lícito ou não pagar imposto a César?" ¹⁸Jesus percebeu a maldade deles e disse: "Hipócritas! Por que me preparais uma armadilha? ¹⁹Mostrai-me a moeda do imposto!" Levaram-lhe então a moeda. ²⁰E Jesus disse: "De quem são a figura e a inscrição desta moeda?" ²¹Eles responderam: "De César". Jesus então lhes disse: "Dai pois a César o que é de César, e a Deus o que é de Deus".

Um vendedor de laranjas passava por um sítio. Ele era muito espalhafatoso: usava roupas com retalhos de muitas cores, chapéu de palha desfiado, uma sandália de cada cor.

Gritava, aliás berrava, a cada instante.

— Laranjas gostosas! Laranjas gostosas!

De repente teve vontade de espirrar e:

— Atchim! Atchim!

Foi um espirro forte, tão forte que mudou muitas coisas de seu lugar: a patinha ficou sem penas, o galo sem a crista, o cavalo sem crina, o boi sem os chifres, a pombinha sem as asas e o gato sem os bigodes...

Ficaram muito engraçados porque as coisas de um foram parar no outro:

as penas da patinha grudaram na árvore; a crista do galo, na cabeça do bode; a crina do cavalo, na cabeça da ovelha; os chifres do boi, nas costas do cachorro; as asas da pombinha, na tartaruga; e o bigode do gato foi parar no porquinho.

— Que coisa horrível! Isso não se faz!

— Eu quero a crista! Eu quero meu rabo e eu meus bigodes... — e todos gritavam sem parar.

— Deus nos fez tão bonitos, e você veio para atrapalhar tudo...

O homem das laranjas estava nervoso: coçava o nariz, sacudia a cabeça, batia com os pés e sacudia as mãos.

— Vocês têm razão! Eu sou um trapalhão; o que é do gato é do gato, o que é do macaco é do macaco e assim por diante, que posso fazer?

De repente, o homem das laranjas sentiu que ia espirrar e...:

— Atchim! Atchim!

Com o espirro monstruoso as coisas voltaram ao lugar e todos faziam algazarra: miau-miau, au-au, quá-quá, currupaco, có-có-ri-có. Enfim as vozes dos animais eram fortes e estridentes! Agradeceram muito ao homem das laranjas e desfilavam felizes com o que tinham recebido de volta. E foi aí que o homem das laranjas sentiu que ia dar um novo espirro e gritou:

— Fujam depressa! Vou espirrar outra vez!

Todos saíram correndo, voando, mas a tartaruga ficou atrás. De repente ouviu-se o espirro:

— Atchim! Atchim!

Eles ficaram livres dos espirros, menos a tartaruga, que se quebrou todinha. Deu trabalho, mas o macaco colou os pedaços da tartaruga que ficou ainda mais bonita.

E o homem das laranjas? Fugiu!

Reflexão: O que é de Deus é de Deus, ninguém deve destruir... O que é do Governo é do Governo.

AMAR A DEUS E O PRÓXIMO

30º DOMINGO DO TEMPO COMUM
(Mt 22,34-40)

Naquele tempo: ³⁴Os fariseus ouviram dizer que Jesus tinha feito calar os saduceus. Então eles se reuniram em grupo, ³⁵e um deles perguntou a Jesus, para experimentá-lo: ³⁶"Mestre, qual é o maior mandamento da Lei?"
³⁷Jesus respondeu: "'Amarás o Senhor teu Deus de todo o teu coração, de toda a tua alma, e de todo o teu entendimento!' ³⁸Esse é o maior e o primeiro mandamento. ³⁹O segundo é semelhante a esse: 'Amarás a teu próximo como a ti mesmo'. ⁴⁰Toda a Lei e os profetas dependem desses dois mandamentos.

Valdir era um bom menino, bom aluno, bom filho, bom irmão.

Já havia feito a Primeira Comunhão e não faltava à Missa aos domingos.

Certa vez, um colega da escola chamou-o para ir à praia no domingo às 9 horas.

— Desculpe-me, Carlos, mas a Missa das Crianças é às 9 horas. Se você quiser, irei às 11 horas.

— Nada feito! Vamos jogar bola às 9 horas.

— Mais uma vez, desculpe-me. Primeiro é a Missa.

— Você é um bobo. Ninguém vai à igreja às nove horas. Vamos jogar pelada na areia. Não é um barato?

— Primeiro vou à igreja. Participo da Missa, comungo, rezo, agradeço a Deus por tudo que recebi esta semana. Depois irei à praia.

— Já disse: a "pelada" é às 9 horas. O grupo espera por você.

Valdir fez o combinado: foi à igreja às 9 horas e depois à praia. O grupo porém não o aceitou: já tinham posto outro colega no lugar dele. Valdir sentou-se num cantinho, muito triste.

Apareceu a seu lado um cachorrinho branco, bem felpudo, orelhas caídas bem grandes, um chumaço de cabelo no alto da cabeça e um rabinho parecido com espanador. O cachorrinho olhou, com seus olhinhos pretos, para Valdir... Valdir olhou-o nos olhos.

— Cachorrinho, quem é você?

O menino abraçou o cachorrinho, que lambeu suas mãozinhas e abanou o rabicho. Ficaram amigos. Valdir ficou à espera do dono do cachorrinho: corria com ele, descansava e fazia-lhe muitas festas. Duas horas depois apareceu uma menininha de rabinho de cavalo, queimadinha pelo sol.

— Esse cachorrinho é meu.
— Tudo bem! Como ele se chama?
— Rex.
— E você?
— Laura!

Os dois conversaram muito, passearam juntos e ficaram amigos. As mamães de Valdir e Laura ficaram alegres e também amigas.

E a "pelada"? É claro! Chamaram novamente Valdir porque ele sabia jogar muito bem. O horário porém mudou: jogavam aos sábados, na parte da manhã, porque Valdir não faltava à Missa!

Reflexão: Primeiro devemos ir ao encontro de Jesus para depois brincar com os amigos.

UMA PEQUENA SANTA

TODOS OS SANTOS
(Mt 5,1-12a)

Naquele tempo, ¹vendo Jesus as multidões, subiu ao monte e sentou-se. Os discípulos aproximaram-se, ²e Jesus começou a ensiná-los:
³"Bem-aventurados os pobres em espírito, porque deles é o Reino dos Céus.
⁴Bem-aventurados os aflitos, porque serão consolados.
⁵Bem-aventurados os mansos, porque possuirão a terra.
⁶Bem-aventurados os que têm fome e sede de justiça, porque serão saciados.
⁷Bem-aventurados os misericordiosos, porque alcançarão misericórdia.
⁸Bem-aventurados os puros de coração, porque verão a Deus.
⁹Bem-aventurados os que promovem a paz, porque serão chamados filhos de Deus.
¹⁰Bem-aventurados os que são perseguidos por causa da justiça, porque deles é o Reino dos Céus!
¹¹Bem-aventurados sois vós, quando vos injuriarem e perseguirem, e, mentindo, disserem todo tipo de mal contra vós, por causa de mim. ¹²ᵃAlegrai-vos e exultai, porque será grande a vossa recompensa nos céus".

(A um gesto da Animadora, todos dirão: Teresinha)

Em nossa meiga Teresinha encontramos tudo o que devemos ter para sermos santos também: amor, fé, confiança em Deus.

Teresinha dedicou-se a Deus com Amor total, sem limites. Nós podemos parecer-nos com Teresinha se sentirmos que o Amor a Deus é mais importante que tudo.

Teresinha venceu todas as dificuldades para ser freira, seu grande ideal, porque queria encontrar-se com Deus, trabalhar em silêncio, rezar pelos outros. Quando nos dedicamos a Deus, quando amamos e rezamos por todos, somos parecidos com Te-resinha.

Teresinha dizia sempre:
— A felicidade não é possuir castelos dourados, escadarias de mármore e tapetes de seda. A felicidade não está nos objetos que nos cercam, a felicidade está dentro de nós.

E nós? Somos felizes com o que temos? Somos felizes por ter um grande amigo que é Jesus?

Então, amiguinhos, somos parecidos com Teresinha.

A querida jovem, meiga e bondosa Teresinha nunca dizia não a quem precisasse dela. A qualquer hora e em qualquer situação, ela dizia sim.

— O evangelho ensina-me a amar o próximo, ajudando-o sempre.

E nós? Ajudamos e amamos nossos amigos, nossos colegas, nossos vizinhos, nossos pais, nossas catequistas, nossos mestres?

Se fazemos isso tudo, somos parecidos com Teresinha!

A jovem Santa Teresinha tinha uma grande inspiração: Maria de Nazaré, a Mãe do céu, e procurava ser humilde, ser obediente, ser silenciosa como a Virgem Maria.

E nós criancinhas, amamos também Nossa Senhora? Pedimos a ela todos os dias? Procuramos ser obedientes, humildes e não falar bobagens? Então é porque desejamos ser parecidos com nossa santinha.

Teresinha não nasceu santa: aos pouquinhos ela foi tendo uma vida mais simples e mais dedicada a Deus. E nós? Procuramos cada dia ser melhores que no dia anterior?

Santa Teresinha está conosco!

Todos podemos ser santos: engenheiros, médicos, advoga-dos, professores, enfermeiros, estudantes, mães de família, crianças.

Basta sermos parecidos com Teresinha tendo fé em Deus, humildade nos atos, amor por todos e aprender a dominar-nos com a oração.

Teresinha não passou! Está em nós, de qualquer idade. Teresinha não morreu. Santa Teresinha vive em quem vive por um mundo com mais amor, mais diálogo, mais fraternidade e menos violência!

Reflexão: Lembramos hoje de todas as Santas e Santos de Deus. Neste mundo, eles foram humilhados, desprezados e até perseguidos. Mas Deus, que é o defensor dos fracos, concedeu-lhes no céu uma glória muito grande.

Os santos estão também entre nós, prontos para nos servir, ensinando a todos o amor e o perdão, falando-nos de Jesus e de Nossa Senhora.

SANTA ROSA DE LIMA

**31º DOMINGO
DO TEMPO COMUM
(Mt 23,1-12)**

Naquele tempo: ¹Jesus falou às multidões e a seus discípulos: ²"Os mestres da Lei e os fariseus têm autoridade para interpretar a Lei de Moisés. ³Por isso, deveis fazer e observar tudo o que eles dizem. Mas não imiteis suas ações! Pois eles falam e não praticam.

⁴Amarram pesados fardos e os colocam nos ombros dos outros, mas eles mesmos não estão dispostos a movê-los, nem sequer com um dedo.

⁵Fazem todas as suas ações só para serem vistos pelos outros. Eles usam faixas largas, com trechos da Escritura, na testa e nos braços, e põem na roupa longas franjas.

⁶Gostam de lugar de honra nos banquetes e dos primeiros lugares nas sinagogas; ⁷gostam de ser cumprimentados nas praças públicas e de ser chamados de Mestre.

⁸Quanto a vós, nunca vos deixeis chamar de Mestre, pois um só é vosso Mestre e todos vós sois irmãos. ⁹Na terra, não chameis a ninguém de pai, pois um só é vosso Pai, aquele que está nos céus. ¹⁰Não deixeis que vos chamem de guias, pois um só é vosso Guia, Cristo.

¹¹Pelo contrário, o maior dentre vós deve ser aquele que vos serve. ¹²Quem se exaltar será humilhado, e quem se humilhar será exaltado".

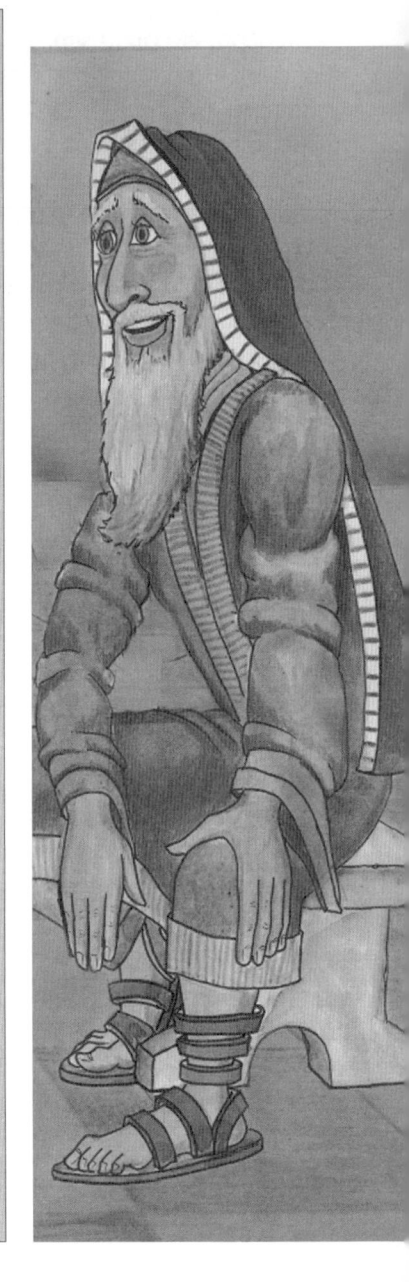

Narrador: Santa Rosa de Lima é a Santa mais querida de todos os cristãos da América Latina, porque foi na América Latina que ela nasceu em 1586. Foi apelidada de Rosa pela beleza de seu rosto.

Era exemplo de oração, de caridade e de serenidade, mesmo em meio às provas mais dolorosas de sua vida. Particularmente devota de Nossa Senhora, orou pelo crescimento da Igreja na América Latina. Morreu no dia 24 de agosto de 1617.

Festejando Santa Rosa de Lima, queremos festejar todos os Santos do céu!

Todos: Na cidade de Lima nasceu uma flor, nasceu uma flor.
Grupo A: Rosa flor, Rosa menina, feliz ao desabrochar.
Grupo B: E, desde pequenina, com Jesus ia conversar.
Grupos A e B: Falava de seu sonho de ver o mundo melhorar.
1ª criança: Rosa flor, Rosa menina, Deus a fez graça divina.
Todos: Santa Rosa de Lima, Santa Rosa de Lima, Padroeira da América Latina, estrela que nos ilumina!
Grupo A: Rosa tinha bondade e amor no coração.
Grupo B: Lutava para que o mundo fosse unido, fosse irmão.
Grupo A: Bordava e plantava flores para a família ajudar.
Grupo B: Ainda com sua alegria está presente em nosso dia a dia.
Todos: Na cidade de Lima nasceu uma flor, nasceu uma flor.

(de Celina Santana)

QUEM AGIU CERTO?

32º DOMINGO DO TEMPO COMUM
(Mt 25,1-13)

Naquele tempo, disse Jesus a seus discípulos esta parábola: [1]"O Reino dos Céus é como a história das dez jovens que pegaram suas lâmpadas de óleo e saíram ao encontro do noivo. [2]Cinco delas eram imprevidentes, e as outras cinco eram previdentes.

[3]As imprevidentes pegaram suas lâmpadas, mas não levaram óleo consigo. [4]As previdentes, porém, levaram vasilhas com óleo junto com as lâmpadas.

[5]O noivo estava demorando e todas elas acabaram cochilando e dormindo.

[6]No meio da noite, ouviu-se um grito: 'O noivo está chegando. Ide a seu encontro!'

[7]Então as dez jovens se levantaram e prepararam as lâmpadas. [8]As imprevidentes disseram às previdentes: 'Dai-nos um pouco de óleo, porque nossas lâmpadas estão se apagando'. [9]As previdentes responderam: 'De modo nenhum, porque o óleo pode ser insuficiente para nós e para vós. É melhor irdes comprar dos vendedores'.

[10]Enquanto elas foram comprar óleo, o noivo chegou, e as que estavam preparadas entraram com ele para a festa de casamento. E a porta se fechou.

[11]Por fim, chegaram também as outras jovens e disseram: 'Senhor! Senhor! Abre-nos a porta!' [12]Ele, porém, respondeu: 'Em verdade eu vos digo: Não vos conheço!'

[13]Portanto, ficai vigiando, pois não sabeis qual será o dia, nem a hora".

Dr. João falava sempre aos dois filhos.

— Sejam cautelosos! Fujam das coisas erradas, pois elas nos prejudicam muito e nos tiram a paz.

Léo e Gil ouviam-no sempre, mas pensavam de modo diferente.

— Eu não faço nada errado — dizia Léo.

— Vou procurar ser mais prudente como o pai quer — dizia em voz alta o irmão Gil.

Certa vez, Dr. João viajou a serviço e recomendou aos filhos:
— Cuidado! Sejam prudentes! Voltarei a qualquer momento. Esperem por mim e não se esqueçam de meus conselhos.

Léo e Gil dormiam em quartos separados, por isso, puderam agir, cada um do modo que quisesse.

No final de um mês, sem avisar, João voltou e, ao entrar no quarto de Léo, assustou-se e gritou:
— Que horror! Quem é você? Onde está meu filho?

Léo arregalou os olhos e foi se ver no espelho. Pela primeira vez, não gostou nem um pouquinho do que viu: cara suja, cabelo despenteado, dentes sem terem sido escovados.
— Eu me transformei num monstro... — confessou o menino.

Dr. João passou os olhos no quarto dele e verificou seu estado: colcha e cobertor no chão, um tênis na janela e o outro em cima da cama, um pedaço de pão com queijo sobre seu travesseiro, uma garrafa vazia na mesinha, CDs fora de lugar e alguns pelo chão.

Muito triste, Dr. João abriu a porta do quarto de Gil e sentiu um alívio. Gil mantinha seu quarto arrumadíssimo: cada coisa em seu lugar, seu filho estava penteado, bem arrumadinho e com seus dentes escovados. Seus livros arrumados na estante, as roupas limpas dentro do armário, as sujas, dentro de um cesto, a cama bem arrumada e os deveres escolares todos prontos.
— Vim pensando em levar os dois para assistirem ao jogo Corinthians e Flamengo, porém, não posso levar o Léo, pois ele tem de colocar as coisas em ordem, tomar banho, pentear-se, escovar os dentes e fazer os exercícios escolares para amanhã.
— Léo, você não foi prudente como seu irmão.

Voltando-se para Gil, deu-lhe os parabéns e lhe disse:
— Como já está pronto, pode vir comigo.
— Tchau! — disse o Dr. João para seu filho Léo que, no momento, arrependeu-se de não ser tão prudente como o irmão.

Reflexão: Só um foi recompensado pelo Pai: o prudente.

TODOS NÓS TEMOS DONS

33º DOMINGO DO TEMPO COMUM
(Mt 25,14-30)

Naquele tempo, Jesus contou esta parábola a seus discípulos: [14]"Um homem ia viajar para o estrangeiro. Chamou seus empregados e lhes entregou seus bens.

[15]A um deu cinco talentos, a outro deu dois e ao terceiro um; a cada qual de acordo com sua capacidade. Em seguida viajou.

[16]O empregado que havia recebido cinco talentos saiu logo, trabalhou com eles, e lucrou outros cinco. [17]Do mesmo modo, o que havia recebido dois lucrou outros dois. [18]Mas aquele que havia recebido um só, saiu, cavou um buraco na terra, e escondeu o dinheiro de seu patrão.

[19]Depois de muito tempo, o patrão voltou e foi acertar contas com os empregados. [20]O empregado que havia recebido cinco talentos entregou-lhe mais cinco, dizendo: 'Senhor, tu me entregaste cinco talentos. Aqui estão mais cinco que lucrei'. [21]O patrão lhe disse: 'Muito bem, servo bom e fiel! Como foste fiel na administração de tão pouco, eu te confiarei muito mais. Vem participar de minha alegria!'

[22]Chegou também o que havia recebido dois talentos, e disse: 'Senhor, tu me entregaste dois talentos. Aqui estão mais dois que lucrei'. [23]O patrão lhe disse: 'Muito bem, servo bom e fiel! Como foste fiel na administração de tão pouco, eu te confiarei muito mais. Vem participar de minha alegria!'

[24]Por fim, chegou aquele que havia recebido um talento, e disse: 'Senhor, sei que és um homem severo, pois colhes onde não plantaste e ceifas onde não semeaste. [25]Por isso, fiquei com medo e escondi teu talento no chão. Aqui tens o que te pertence'. [26]O patrão lhe respondeu: 'Servo mau e preguiçoso! Tu sabias que eu colho onde não plantei e que ceifo onde não semeei? [27]Então devias ter depositado meu dinheiro no banco, para que, ao voltar, eu recebesse com juros o que me pertence'.

[28]Em seguida, o patrão ordenou: 'Tirai dele o talento e dai-o àquele que tem dez! [29]Porque a todo aquele que tem será dado mais, e terá em abundância, mas daquele que não tem, até o que tem lhe será tirado. [30]Quanto a este servo inútil, jogai-o lá fora, na escuridão. Aí haverá choro e ranger de dentes!'"

Eram três irmãs: Adriana, Vera e Mônica.
Adriana tinha oito anos, Vera tinha nove anos e Mônica, dez.
As irmãs eram bem diferentes, não só no físico, como no modo de pensar: Adriana gostava de música clássica e, se pudesse, dançaria o dia todo. Vera preferia tocar, em seu violão, músicas de compositores da MPB. Mônica olhava as irmãs com inveja.
— Como gostaria de dançar como Adriana e de tocar violão do mesmo modo que Vera!
A garota só queria fazer o que as outras faziam, mas não conseguia imitá-las.
— Mãe, posso entrar para a Escola de Dança da Prefeitura? — perguntou Adriana.
— Mamãe, posso aprender violão — pediu Vera.
— Sim, filhas, mas não pensem que é fácil tornar-se uma bailarina ou uma violonista. É necessário força de vontade, luta, persistência e, muitas vezes, renúncia a festas e passeios.
— Sim, mamãe! — respondeu Adriana com firmeza.
— Vou esforçar-me também — acrescentou Vera.
Mônica nada dizia, só olhava para as irmãs, com inveja.
— Filha, e você? — perguntou a mãe para Mônica.
— Eu? Quero dançar e tocar violão.
— Você tem certeza? Acho que está confusa...
— Eu quero, mãe.
Mônica não possuía os dons das irmãs e, além disso, era preguiçosa, não só nos deveres de casa como também nos da escola.
A mãe fez-lhe a vontade matriculando-a no Curso de Dança e na Escola de Música. O que aconteceu depois de um período de aulas?
Dançar? Pois, sim! Não conseguiu fazer nem piruetas quanto mais dançar com as sapatilhas de ponta... Tocar violão? Qual! Não tinha jeito e também não fazia os exercícios programados pelo professor. Não passou da primeira música...
Adriana, cumpridora de seus deveres, fez sucesso no balé e Vera, ao mesmo tempo, já cantava e tocava violão como gente grande.

Durante muito tempo, a família entristeceu-se com a atitude de Mônica, que continuava desligada. No entanto, se quisesse, a menina poderia ser muito feliz, pois tinha um dom muito especial: somente com um lápis preto e alguns de cor, ela fazia lindos desenhos: paisagens, flores e retratos. Mônica poderia ser uma grande desenhista... mas não quis. Que pena! Ela não sabia que estava desprezando esses dons que Jesus lhe concedia...

Reflexão: Todos nós recebemos dons de Deus. Para sermos felizes, precisamos descobri-los e usá-los com o máximo proveito.

OS TALENTOS
(Dramatização)

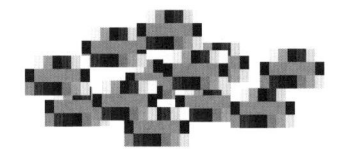

Personagens: Narrador, homem (Jesus), três empregados (discípulos), bancário.

Narrador: Era uma vez um homem que ia viajar. Chamou os três empregados.

Homem: Aqui está minha riqueza. São oito moedas de ouro. A ti, 1º empregado, eu dou cinco moedas de ouro. A ti, 2º empregado, eu dou duas moedas de ouro. A ti, 3º empregado, dou uma moeda de ouro.

Três empregados: Que faremos com esses "talentos"?

Jesus: Devem fazer o melhor que puderem.

Narrador: O homem partiu. O primeiro empregado trabalhou com as moedas, foi ao Banco e colocou as cinco moedas para renderem juros.

(O 1º empregado entrega as moedas ao bancário)

1º empregado: Coloque estas moedas para renderem. Elas são de meu patrão.

Narrador: O 2º empregado entrega ao bancário as duas moedas de ouro.

2º empregado: Coloque estas duas moedas para renderem. Elas são de meu patrão.

3º empregado: Vou enterrar esta moeda de ouro. Ninguém vai descobri-la.

Narrador: Depois de algum tempo, o patrão voltou e foi ajustar contas com os três empregados.

1º empregado: Senhor, tu me entregaste cinco moedas de ouro. Trabalhei com elas e fui colocá-las no Banco, para renderem juros. Aqui tens dez moedas.

Homem: Muito bem, empregado. Tu foste um bom e leal empregado. Como foste fiel, eu te darei muitas moedas a mais. Estou feliz com teu comportamento!

2º empregado: Senhor, tu me entregaste duas moedas de ouro. Trabalhei com elas e depois coloquei-as no Banco. Aqui estão as duas moedas e mais duas.

Homem: Muito bem, empregado. Tu foste bom e leal.

3º empregado: Senhor, sei que és severo. Por isso, fiquei com medo e escondi tua moeda na terra. Aqui tem o que te pertence: uma moeda de ouro.

Homem: Empregado mau e preguiçoso. Tu sabias que colho onde não plantei? Então devias ter depositado meu dinheiro no Banco, para quando ao voltar, eu recebesse com juros o que me pertence. Tirem dele a moeda para que fique com quem me deu dez moedas de ouro. Porque àquele que tem será dado mais. Quem trabalhou pelas moedas dadas e dobrou a quantia merece minha confiança. Terá muitas moedas de ouro. Este 3º empregado foi inútil. Joguem-no na escuridão para fazer companhia a outros que fizeram o mesmo que ele.

(Sai o homem; os 2 empregados e outras pessoas agarram o 3º empregado inútil.)

Reflexão: Sim, Senhor! Deus nos deu dons não para ficarem enterrados e sim para lutarmos por eles e multiplicá-los.

CRISTO MORA EM NÓS

**34º DOMINGO DO TEMPO COMUM
NOSSO SENHOR JESUS CRISTO, REI DO UNIVERSO
(Mt 25,31-46)**

Naquele tempo, disse Jesus a seus discípulos: ³¹"Quando o Filho do Homem vier em sua glória, acompanhado de todos os anjos, então se assentará em seu trono glorioso.

³²Todos os povos da terra serão reunidos diante dele, e ele separará uns dos outros, assim como o pastor separa as ovelhas dos cabritos. ³³E colocará as ovelhas a sua direita e os cabritos a sua esquerda.

³⁴Então o Rei dirá aos que estiverem a sua direita: 'Vinde, benditos de meu Pai! Recebei como herança o Reino que meu Pai vos preparou desde a criação do mundo! ³⁵Pois eu estava com fome e me destes de comer; eu estava com sede e me destes de beber; eu era estrangeiro e me recebestes em casa; ³⁶eu estava nu e me vestistes; eu estava doente e cuidastes de mim; eu estava na prisão e fostes me visitar'.

³⁷Então os justos lhe perguntarão: 'Senhor, quando foi que te vimos com fome e te demos de comer? Com sede, e te demos de beber? ³⁸Quando foi que te vimos como estrangeiro e te recebemos em casa, e sem roupa, e te vestimos? ³⁹Quando foi que te vimos doente ou preso, e fomos te visitar?'

⁴⁰Então o Rei lhes responderá: 'Em verdade, eu vos digo que todas as vezes que fizestes isso a um dos menores de meus irmãos, foi a mim que o fizestes!'

⁴¹Depois o Rei dirá aos que estiverem a sua esquerda: 'Afastai-vos de mim, malditos! Ide para o fogo eterno, preparado para o diabo e para seus anjos. ⁴²Pois eu estava com fome e não me destes de comer; eu estava com sede e não me destes de beber; ⁴³eu era estrangeiro e não me recebestes em casa; eu estava nu e não me vestistes; eu estava doente e na prisão e não fostes me visitar.'

⁴⁴E responderão também eles: 'Senhor, quando foi que te vimos com fome ou com sede, como estrangeiro ou nu, doente ou preso, e não te servimos?'

⁴⁵Então o Rei lhes responderá: 'Em verdade eu vos digo, todas as vezes que não fizestes isso a um desses pequeninos, foi a mim que não o fizestes!'

⁴⁶Portanto, estes irão para o castigo eterno, enquanto os justos irão para a vida eterna".

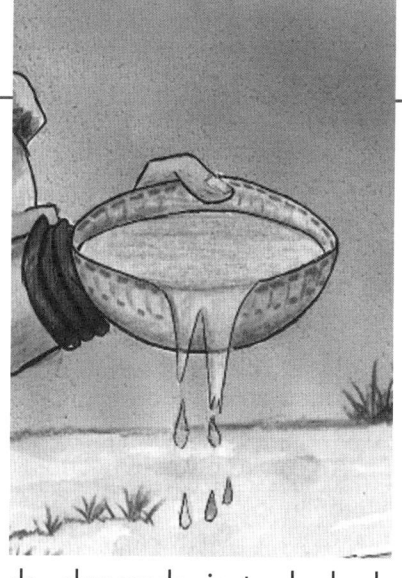

Numa casa verde de dois andares, morava Luís Cláudio. A casa verde atraía os mendigos, os garis, os trabalhadores e os demais transeuntes, sempre pedindo alguma coisa...

Os donos da casa já estavam cansados, e as empregadas, impacientes.

Só quem persistia, na ajuda ao próximo, era Luís Cláudio: podia estar estudando, almoçando, jantando, lendo, ouvindo seus CDs ou vendo televisão, quando alguém pedia alguma coisa ele sempre estava pronto a atender.

— Pare com isto! — dizia-lhe o pai.

— Desculpe-me, pai, mas faço isso tudo com prazer. Gosto de servir.

— Acontece, filho — acrescentou a mãe —, que você se prejudica porque, às vezes, interrompe seus estudos.

— Não tenho dado conta do recado, mãe? Não tenho tirado notas boas?

— Sim, sim, você tem razão.

Um dia, Luís Cláudio teve um sonho: "Andava por uma estrada sem fim. De um lado cresciam árvores frutíferas, flores de todas as cores e feitios, passarinhos voavam cantando, borboletas beijavam as flores, cascatas jorravam suas águas e montanhas se elevavam altaneiras. Do outro lado, a terra era seca sem água, sem plantas, sem flores e sem bichinhos: um deserto árido de pedras.

De repente, na estrada, surgiu a sua frente um vulto, que lhe estendeu a mão direita:

— Vim a seu encontro, filho!

— Quem é você?

— Eu sou aquele gari a quem você deu água gelada, aquele

mendigo a quem você deu pão, a senhora que bebeu água com açúcar, a criança que ganhou sua roupa.

— Não entendo — falou baixinho Luís Cláudio.

O vulto aproximou-se bastante do menino: era lindo, alto, forte, olhos impressionantes. Sorria mansamente e... irradiava paz.

— Meu filho. Eu sou Jesus e vim agradecer-lhe. Você me fez muitos favores...

— Eu? Eu?

— Sim. Todas as vezes que você serviu os necessitados, serviu a mim.

Depois, Jesus apontou o lado florido da estrada.

— Viu? Sua vida é mais linda que esta terra. Tem mais perfume e alegria. Infelizmente há gente que caminha pelo outro lado da estrada na terra seca: terra do egoísmo.

Luís Cláudio acordou, esfregou os olhos, sorriu e... continuou a servir o próximo porque sabia estar agradando a Jesus. Com certeza!

Reflexão: Jesus mora em nós e em nós ficará se formos bons, se ajudarmos o próximo, se perdoarmos nossos irmãos e os amarmos mais do que tudo.

ÍNDICE

Apresentação 5
1º Domingo do Advento
    A missão do pinheirinho 7
Imaculada Conceição de Nossa Senhora
    A História de Maria.. 10
2º Domingo do Advento
    Mude de ideia... 13
3º Domingo do Advento
    Como se prepara o caminho de Jesus 16
    Dramatização: João Batista....................................... 18
4º Domingo do Advento
    Maria, Mãe de Jesus! 19
I. Missa da Vigília
    Natal – 25 de dezembro... 21
    A história se repete (1ª parte)................................... 24
II. Missa do Dia
    Jesus e João 25
Sagrada Família – Jesus, Maria, José
    A história se repete (2ª parte)................................... 27
Solenidade da Santa Mãe de Deus, Maria
    Oração a Maria... 29
Epifania do Senhor
    E os homens caminharam 31
Batismo do Senhor
    Batismo de Jesus... 33
2º Domingo do Tempo Comum
    Jesus nos chama... 35
3º Domingo do Tempo Comum
    Jesus e João 37
4º Domingo do Tempo Comum
    Pesca Milagrosa.. 39
5º Domingo do Tempo Comum
    O menino que conquistou o grupo............................ 41
    Sal e Luz.. 43
6º Domingo do Tempo Comum
    Sim! Não!... 44
7º Domingo do Tempo Comum
    O garrafeiro 47

1º Domingo da Quaresma
    O Coelho e a Cobra 49
2º Domingo da Quaresma
    Os três desempregados 51
    Vencer na vida 53
3º Domingo da Quaresma
    Água no deserto 35
4º Domingo da Quaresma
    O médico e a menina 58
5º Domingo da Quaresma
    Ressurreição de Lázaro 61
    A Surpresa de Sula 64
Domingo de Ramos
    Oração da criança a Jesus 66
Quinta-feira Santa
    Lava-pés 68
Páscoa e Ressurreição do Senhor
    Páscoa 70
2º Domingo da Páscoa
    A alegria de crer 73
    A Garça do Paraíso 75
3º Domingo da Páscoa
    O que é a Fé 77
4º Domingo da Páscoa
    Uma história verdadeira 80
    Amor de mãe 82
5º Domingo da Páscoa
    Eu sou o caminho 83
6º Domingo da Páscoa
    Tadeu fala do amor 85
Ascensão do Senhor
    A Pombinha Branca 87
    Subiu... subiu... e ... desapareceu 88
    A estrela fantástica 89
Pentecostes
    O fazendeiro e seus empregados 91
    Dramatização 93
    Dramatização 94
Santíssima Trindade
    Santíssima Trindade 96

Santíssimo Corpo e Sangue de Cristo
    A Melissa e a cana-de-açúcar 98
8º Domingo do Tempo Comum
    Hoje é hoje! 100
9º Domingo do Tempo Comum
    Ser cristão 102
10º Domingo do Tempo Comum
    A abelhinha preguiçosa 103
11º Domingo do Tempo Comum
    Jesus e os Apóstolos 105
12º Domingo do Tempo Comum
    O juiz de futebol 107
13º Domingo do Tempo Comum
    O amor maior 109
14º Domingo do Tempo Comum
    O Burrinho Verde 111
15º Domingo do Tempo Comum
    Uma história de Jesus 113
16º Domingo do Tempo Comum
    Na terra dos anões 116
17º Domingo do Tempo Comum
    Reino de Deus na terra 119
18º Domingo do Tempo Comum
    O Pão de Jesus 121
19º Domingo do Tempo Comum
    A tempestade 123
20º Domingo do Tempo Comum
    Um ato heroico 125
Assunção de Nossa Senhora
    Assunção de Maria 127
21º Domingo do Tempo Comum
    Diretor perfeito 129
22º Domingo do Tempo Comum
    Cecília, a Bailarina 131
23º Domingo do Tempo Comum
    Patinha Petúnia 133
24º Domingo do Tempo Comum
    Perdão para o pica-pau 135
25º Domingo do Tempo Comum
    Importante é o amor 139
26º Domingo do Tempo Comum
    O "sábio" Macaco Pirulim 141

27º Domingo do Tempo Comum
    Ao outro o que é do outro 143
28º Domingo do Tempo Comum
    Quem foi ao vento perdeu o assento 145
29º Domingo do Tempo Comum
    Deus e César 148
30º Domingo do Tempo Comum
    Amar a Deus e o próximo 150
Todos os Santos
    Uma pequena Santa 152
31º Domingo do Tempo Comum
    Santa Rosa de Lima 154
32º Domingo do Tempo Comum
    Quem agiu certo? 156
33º Domingo do Tempo Comum
    Todos nós temos dons 158
    Os talentos 160
34º Domingo do Tempo Comum
Nosso Senhor Jesus Cristo, Rei do Universo
    Cristo mora em nós 162